JN080703

デジタル時代に向けた 幼児教育・保育

人生初期の学びと育ちを支援する

アンドレアス・シュライヒャー [著]　経済協力開発機構（OECD）[編]

一見真理子／星 三和子 [訳]

International Summit on the Teaching Profession
Helping our Youngest to Learn and Grow
POLICIES FOR EARLY LEARNING
Andreas Schleicher

明石書店

経済協力開発機構（OECD）

　経済協力開発機構（Organisation for Economic Co-operation and Development, OECD）は、民主主義を原則とする36か国の先進諸国が集まる唯一の国際機関であり、グローバル化の時代にあって経済、社会、環境の諸問題に取り組んでいる。OECDはまた、コーポレート・ガバナンスや情報経済、高齢化等の新しい課題に先頭になって取り組み、各国政府のこれらの新たな状況への対応を支援している。OECDは各国政府がこれまでの政策を相互に比較し、共通の課題に対する解決策を模索し、優れた実績を明らかにし、国内及び国際政策の調和を実現する場を提供している。

　OECD加盟国は、オーストラリア、オーストリア、ベルギー、カナダ、チリ、チェコ、デンマーク、エストニア、フィンランド、フランス、ドイツ、ギリシャ、ハンガリー、アイスランド、アイルランド、イスラエル、イタリア、日本、韓国、ラトビア、リトアニア、ルクセンブルク、メキシコ、オランダ、ニュージーランド、ノルウェー、ポーランド、ポルトガル、スロバキア、スロベニア、スペイン、スウェーデン、スイス、トルコ、英国、米国である。欧州連合もOECDの活動に参加している。

　OECDが収集した統計や、経済、社会、環境の諸問題に関する研究成果は、加盟各国の合意に基づく協定、指針、標準と同様にOECD出版物として広く公開されている。

　本書はOECDの事務総長の責任の下で発行されている。本書で表明されている意見や主張は必ずしもOECDまたはその加盟国政府の公式見解を反映するものではない。

イスラエルに関する注：
・イスラエルの統計データは、イスラエル政府関係当局により、その責任の下で提供されている。OECDにおける当該データの使用は、ゴラン高原、東エルサレム、及びヨルダン川西岸地区のイスラエル入植地の国際法上の地位を害するものではない。

キプロスに関する注：
・トルコによる注記：この文書に掲載の情報で「キプロス」と表記されているものは、キプロス島南部を指す。キプロス島のトルコ系住民とギリシャ系住民の両方を代表する単一の政府は存在せず、トルコは北キプロス・トルコ共和国（TRNC）を承認している。国連の場で恒久的かつ公正な解決策が見出されるまでは、トルコは「キプロス問題」に関してこの立場を維持するものとする。
・OECD加盟の全EU加盟国及びEUによる注記：キプロス共和国はトルコを除く全国連加盟国によって承認されている。本書に掲載の情報は、キプロス共和国政府の実効支配下にある地域に関するものである。

はじめに

2019年3月、フィンランド教育省、OECD、エデュケーション・インターナショナル*¹は、21世紀の教育の膨大な課題に直面している教育職の人々をよりよく支える目的のもとに、教育大臣、団体リーダー、その他の教員リーダーたちを「国際教育職サミット」（International Summit on the Teaching Profession, ISTEP）に招聘した。

「国際教育職サミット」が成功するための秘訣のひとつは、困難で論議を呼ぶ課題を、しっかりしたエビデンスを土台にして探ることで、そのエビデンスは、国際的に比較可能なデータと分析に関するグローバルなリーダーであるOECDから提供された。同サミットは今回、初めて、乳幼児期の教育とケア（early childhood education and care, ECEC）に焦点を当てた。本報告書は、このトピックについての議論を裏付けるエビデンスを要約したものである。

人生の最初の5年間は、子どもの発達にとって非常に重要である。この時期に子どもは人生の他のどの時期よりもハイスピードで学習し、子ども期と成人期全体を通じた達成の根源である認知的スキル・社会的スキル・情緒的スキルを発達させる。乳幼児期の速いペースの発達が意味するのは、幼い子どもに投資することは、それが家族を通してでも、質の高いECECの利用によってでも、個人的・社会的・経済的に強力なリターンに導くということである。効果的な乳幼児期の学習はまた、一連の指標を通して、成人期のウェルビーイングを予測する。その指標とはたとえば、全般的なウェルビーイング、心身の健康、教育面の達成、雇用状況などである。恵まれない環境にいる子どもたちは、質の高いECECから最大の恩恵を得る。したがって、ECECに投資すること、また乳幼児期の発達と学習の環境の質を向上させることは、社会の流動性とインクルーシブな成長を後押しする。

大多数の国には、初等教育から後期中等教育までの明確に編制されたカリキュラムと確立された学習指導のアプローチがある。しかしECECの場合は、国際的にも国内的にも、アクセスの量から質へ、チャイルドケアから質の高い教育へ、という強調点のシフトを支える基盤をいかに築くのが最良なのか、についての合意が不足している。またECECでは、年齢にふさわしい教育実践方法についての議論、認知的・社会的・情緒的能力の発達の望ましいバランスについての議論が多くみられる。ECECの施設供給は、教育制度の内部にありながら、非常に断片化している（小規模なさまざまなタイプがある）。

これらすべては、スタッフの初期養成および継続的職能開発に対して、またECECの労働構造とガ

訳注＊1. Education International：ブリュッセルに本部を置く教職員組合の最大組織。

はじめに

バナンスに対して大きな影響を及ぼしている。

　本報告書は、ECECが直面する政策課題に関する第1章に続いて、第2章ではECECの構造的な質とプロセスの質について検討するが、これらの問題は、政策の立案と実施および政府と専門職の間の対話に密接に関係している。次に第3章では、乳幼児機関の内部で起こることに目を向け、教育実践とそれを形作る政策について展望する。各章とも、OECD Starting Strongプロジェクトとその関連出版物（主要著者：Clara Barata、Eric Charbonnier、Arno Engel、Victoria Liberatore、Ineke Litjens、Elizabeth Shuey、Megan Sim、Miho Taguma、Stephanie Wall）に基づいており、またPISA 2015（「生徒の学習到達度調査」2015年）からの知見（主要著者：Francesco Avvisati、Alfonso Echazarra、Carlos Gonzáles-Sancho、Mario Piacentini）に基づいている。

　政策立案者・教育者・親たちが今日非常に苦労しているトピックのひとつが、子どもの発達を育むためにテクノロジーを導入することのメリットとデメリットの理解に関するものである。子どもが画面の前で過ごす時間の増加は、情報通信技術（ICT）の使用結果とそれが子どもの脳と社会情動的・認知的・身体的発達にどのように影響を及ぼすかについての関心を引き起こす。第4章は、テクノロジーと学習の絡み合いについて探り、ICTの使用が子どもに及ぼす影響についてのいくつかの文献を要約する。これは、フランチェスカ・ゴッチャルク（Francesca Gottschalk）のワーキングペーパーを基にしている。安全なインターネットの使用における学校と政策の役割についての最後のセクションは、ジュリー・フーフト・グラアフランド（Julie Hooft Graafland）のワーキングペーパーから引用した。

　本報告書はアンドレアス・シュライヒャー（Andreas Schleicher）が、ゆり・ベルファリ（Yuri Belfali）とカリーヌ・トレンブレー（Karine Tremblay）の情報提供とマリリン・アチロン（Marilyn Achiron）からの支援のもとに準備した。

経済協力開発機構（OECD）教育・スキル局長

兼事務総長付教育政策特別アドバイザー

アンドレアス・シュライヒャー（Andreas Schleicher）

デジタル時代に向けた幼児教育・保育
──人生初期の学びと育ちを支援する

目　次

目 次

目　次

コラム・図表一覧

要　約

　乳幼児期の教育とケア（early childhood education and care, ECEC）のプログラムに通うことは、子どもたちの認知的・社会的・情緒的な発達、および後年の学業成績や人生の成果に大きな影響があることが研究で示されている。ECECには恵まれない家庭環境にいる子どものライフチャンス（人生の選択可能性）を高める潜在力があるというエビデンスが、無作為化比較対照試験（RCT）研究と観察研究の両方から得られている。ただしPISA（OECD「生徒の学習到達度調査」）の結果によると、恵まれた状況にいる子どものほうが（不利な環境にいる子どもよりも）、ECECに通う機会が多く、期間も長かった。このような（格差）状況への取り組みにもし失敗するならば、ECECは教育と社会における不公平を軽減せず、むしろ悪化させ続けることになろう。

　ECECにおける仲間の存在は、子どもたちの言語発達にも社会情動的な発達にも影響を与えるというエビデンスがある。したがって、ECECプログラムのなかにどんな恵まれない家庭の子どもがどれくらい集まっているか、また恵まれない家庭の子どもが相当数いる施設が、より裕福な家庭の子どもたちが通っている施設に比べて質が劣るのかどうか、どこがそうなのか、を突き止めることは、政策立案者たちの急務なのである。ほとんどの国では、質の高いプログラムに通える可能性が最も低いのは、社会経済的に恵まれない子どもである。

ECECの質の構成要素とは何か？

　ECECが子どもに与える恩恵の大きさは、提供されるサービスの質によって異なることを示す研究が増えている。この文脈における質とは、「構造」（インフラ）と「プロセスの質」の双方に拠っている。「構造」には利用可能な物理的環境や人的・物的資源が含まれ、「プロセスの質」には子どもとスタッフとの相互作用や子ども同士の相互作用における社会的・情緒的・教育的な側面が含まれる。ECECの労働力として最もふさわしい候補者を惹きつけるためには、各国は適切な報酬を提供するだけでなく、リーダーや他のスタッフが自律的に職業的専門家として働く時間と空間をもてる環境を整備する必要がある。

　乳幼児教育の職員のための初期養成と継続的な職能開発の機会の重要性が研究で強調されているものの、スタッフの教育レベルとプロセスの質の関係、あるいは子どもの学習・発達・ウェルビーイングとの関係は単純ではない。こうしたプログラムの教育実践を改善する方法のひとつは、子どもとのコミュニケーションや相互作用を行うスタッフの能力を「共に深めながら支えあっていくやり方」で

強化することである。研究から、すべてのスタッフが高いレベルの教育を受けている必要のないこともわかっている。高い資格をもつスタッフは、共に働いているけれども同等の資格のない同僚に、プラスの影響を与えることができる。

最も幼い学習者のための最良の教育実践とは何か？

　子ども中心の教育（そこでの活動は、子ども主体で、問題解決や探求志向の学びに関与する）と、教え込み型の教育（スタッフ主導であらかじめ計画される課題は、アカデミックなスキルの習得と練習に照準を合わせる）を区別することがよくある。どちらのアプローチも子どものスキルを後押しでき、実践者は目的に応じて双方の異なったアプローチを組み合わせることができる。ただし、最年少の幼児の場合には、子ども中心の教育活動を取り入れることが大切だとするエビデンスがある。アカデミックでスタッフ主導型の実践とアプローチは、子どもの学業に関わる成果（たとえばIQスコア、読み書き・数のスキル、特定の科目の知識）を向上させやすい。一方、子ども中心型の実践は、子どもの社会情動的でソフトなスキル（たとえば学習の動機づけ、創造性、独立心、自己信頼感、汎用性の高い知識、主体性）を向上させやすい。強力で、教え込み的で、スタッフ指示型の実践は、子どもの社会情動的なスキル（たとえば動機づけ、興味、自己統制力）の発達を長期的には妨げると、研究は注意を喚起している。

　ECECのカリキュラムは、初等教育で使われるカリキュラムとよく対比される。それはひとつには、初等教育では教えられる内容に焦点を当てているのに対し、ECECでは、概して心理学や教育学の理論に依拠して、教育実践で何を教えるかよりも、どのように教えるかを重んじるからである。教育実践は、スタッフと子どもの相互作用のなかで起こるものであるが、政策は、たとえばカリキュラムのデザイン、初期養成、継続的現職研修、労働編制などを通して、教育実践の環境を形成することができる。

　OECDによる調査研究が明らかにしているのは、大多数の国には、幼児期の学習のための国レベルのカリキュラムあるいは枠組みが整備されていることである。この枠組み／カリキュラムに規定された学習領域と目標は、ECECの提供者が行う教育方法と実践に影響を与えている。公共政策はまた、ECECから小学校への子どもの移行を円滑に進めることもできる。マネジメントのしっかりとした移行は、子どものウェルビーイングを支え、ECECの恩恵が長く続くのを保障し、子どもに入学や人生への準備をさせ、教育の成果の公平性を向上させることができる。

子どものテクノロジー使用について、我々は何を知っているか？

最近では、就学前の子どもたちは書物に接するよりも先にデジタル機器に親しむようになっている。今日、学校のみならず、幼児教育の場でも、ICT（情報通信技術）を学びの環境に取り入れる方法を探っている。ICTの効果的な活用を確実にするために、教育システムはカリキュラムを見直さなければならないし、教員も自分の授業スタイルを見直さなければならない。子どものデジタルスキルの発達を培う教育政策とは、教員に適切な研修を提供し、学校のカリキュラムにICTを取り入れるのをサポートする政策である。子どもたちが学校のなかでICTを使ってやりとりする方法を、学校外ですでに使っている方法につなげることは、学習のためのICTの潜在力を解き放つ鍵になるかもしれない。

同時に、ICTは21世紀の子どもの生活のいたるところにあるので、ICTに関連したリスクから子どもを守るために、一致した努力が払われなければならない。ここに含まれるのは、教育者・親・保健領域の実践者たちが、画面視聴時間が健康的な行動（たとえば身体活動、規則正しい食事と睡眠）に影響を及ぼすかどうかを評価すること、視聴時間に何らかの制限を設けること（就寝前には機器の使用を制限するなど）、幼児と青少年にふさわしい内容の番組制作を確保することである。最新のエビデンスに基づけば、ICTのウェルビーイングへの影響力は概して小さく、広範な政策変更の理由づけとなるには至っていない。

第 **1** 章

人生初期の学びのための政策：
公平なアクセスの提供

　乳幼児期に質の高い乳幼児期の教育とケア(early childhood education and care, ECEC)プログラムに通うことが、子どもたちの認知的・社会的・情緒的な発達や後年の学業成績に大きな影響があることが研究で示されている。本章では、こうしたECECプログラムがどれくらい社会的不平等の軽減に役立つのか、特に恵まれない環境にいる子どもたちにどれほど恩恵をもたらすのか、について検討する。

　人生の最初の5年間は子どもの発達にとって非常に重要である。この時期に子どもは人生のどの時期よりもハイスピードで学習し、子ども期と成人期を通して何かをやり抜き達成するときの基盤となる認知的・社会的・情緒的なスキルを発達させる。

　質の高い乳幼児期の教育とケア（ECEC）が子どもの発達と学習に与える効果は、研究文献でも確証されている。また提供される教育とケアの質が乳幼児期の発達に強い影響力をもつことは一般に合意されている（Melhuish et al., 2015 [1]）。OECDによる報告書『人生の始まりこそ力強く（Starting Strong）』シリーズの各巻（OECD, 2001 [2]；OECD, 2006 [3]；OECD, 2011 [4]；OECD, 2015 [5]；OECD, 2017 [6]）、また他の国際研究でも、質の高いECECが乳幼児期の発達およびその後の学業成績に次のような恩恵をもたらすと指摘している。話し言葉の使用および学業的なスキルの芽生え、初期の読み書きと数、社会情動的なスキル（Burchinal, 2016 [7]；Cappella, Aber and Kim, 2016 [8]；Melhuish et al., 2015［1］；Yoshikawa and Kabay, 2015 [9]）。さらに、「OECD生徒の学習到達度調査」（OECD Programme for International Student Assessment, PISA）によれば、15歳の生徒で、過去に幼児教育を1年以上受けた経験のある場合には、1年未満の場合よりも、読解力・数学的リテラシー・科学的リテラシーの基本的習熟度が有意に高いことが示されている（OECD, 2017 [10]）。

コラム1.1

本報告書で使われる用語の定義

　乳幼児期の教育とケア（early childhood education and care, ECEC）とは、義務教育就学年齢未満の子どもにケアと教育を提供するすべての手立てを含み、施設・財政・開設時間・プログラム内容については問わない。

　初等前（就学前）教育（pre-primary education）とは、3歳から初等教育開始までの子どもを受け入れて、学校および社会への参加の準備のために幼児期の発達を支えるサービスを指す。それはまた「プリスクール」とも呼ばれ、ISCED*レベル02にあたる。国際比較の目的のために、**乳幼児期の教育**（early childhood education, ECE）という用語がISCEDレベル0に対して使用される。

＊訳注：国際教育標準分類（ISCED）による教育段階区分は次のとおり。
・ISCEDレベル0：乳幼児期の教育（01：3歳未満の教育的な発達支援／02：3歳から就学年齢までの初等前（就学前）教育）
・ISCEDレベル1：初等教育　　　　　・ISCEDレベル5：短期高等教育
・ISCEDレベル2：前期中等教育　　　・ISCEDレベル6：学士課程または同等レベル
・ISCEDレベル3：後期中等教育　　　・ISCEDレベル7：修士課程または同等レベル
・ISCEDレベル4：中等後非高等教育　・ISCEDレベル8：博士課程または同等レベル

質の高いECECの恩恵は、たとえば健康な食事習慣を形成させ定期的な身体活動を促すといった健康とウェルビーイングの面にも及ぶ（OECD, 2014 [11]）。質の高いECECサービスはまた、子どもたちの後年の生活での以下のような成果を支える役割を果たしていることが立証されている。労働市場参加率の増加、貧困率の減少、世代間社会移動の増加、社会的統合の進展（Sammons et al., 2008 [12]；Sylva et al., 2004 [13]）。

　乳幼児期の学習環境が、発達にふさわしく、刺激があり、言葉の豊かな活動や社会的な相互作用を経験する機会を子どもに提供する場合には、恵まれない背景をもつ子どもが落ちこぼれるリスク、あるいは潜在能力をフルに発揮できないリスクを埋め合わせることができる（Arnold and Doctoroff, 2003 [14]；Heckman, 2006 [15]）。研究が強調しているのは、ECECプログラムへの投資が長期的な利益をもたらすということである。

　乳幼児期の効果的な学習はまた、一連の指標を通して成人期のウェルビーイングを予測する。その指標にはたとえば、全般的なウェルビーイング、身体と心の健康、教育面の達成、雇用状況などがある。成人期の成果を豊かにするために特に重要な乳幼児期の学習領域には、次のようなものがある。話し言葉（language）と読み書き（literacy）、数と他の非言語的な認知スキル、自己統制、情緒面の健康、社会的なウェルビーイング、社会的・情動的スキル。乳幼児期の学習では、ひとつの領域で獲得されたことが他の領域の獲得に寄与する。こうした領域間の強化サイクルが意味するのは、幼い子どもにもたらす成果のこの重なりあった特質を認識するなら、乳幼児期の学習のプログラムは、子どもにとっての全人・全面的なアプローチを用いて評価されるべきだということである。

　多くの政府がECECのアクセスを拡大しようとすることの主なねらいは、子どもたちが年長になりさらに大人になったときの成果の公平性を高めることである。この目標はまた、国連の「持続可能な開発目標4.2」（United Nations Sustainable Development Goal 4.2）に次のように反映されている。「すべての子どもが初等教育への準備ができるように、質の高いECECへのアクセスを確保する」。

コラム1.2

持続可能な開発目標4.2

　持続可能な開発目標（Sustainable Development Goals, SDGs）の目標4には、教育の種々異なる側面を包括する10項目のターゲット目標がある。このうちの7項目は期待される成果についてであり、3項目はこの目標の達成手段についてである。目標4のターゲット4.2は特に乳幼児期に焦点を当てている。

第1章

> **SDGターゲット4.2 乳幼児期の発達支援とユニバーサルな初等前（就学前）教育**：2030年までに、すべての子どもが男女の区別なく初等教育への準備状態にあるように、かれらに質の高い乳幼児期の発達支援とケアと初等前（就学前）教育へのアクセスを確保する。
>
> **指標4.2.1**：健康・学習・心理社会的なウェルビーイングの点で定型発達にある5歳未満児の男女別の比率。
>
> **指標4.2.2**：組織的学習（公的な義務教育開始年齢前の1年間）への男女別参加率。

ECECへの参加と学習の成果

　ECECの恩恵を受けるためには、子どもは何らかのプログラムに出席しなければならない。学校制度でみられる不平等の多くは、児童が公的な学校教育に最初に足を踏み入れたときにすでに存在しており、学年が進行しても持続する。不平等は生徒の在学期間が長くなるほど大きくなる傾向にあると研究が示していることから、ECECには教育の不平等を軽減する可能性がある。ただし、（ECECへの）参加が誰にでも開かれていて、学習の機会の質が常に高ければの話である。

　OECD諸国では、ECECへのアクセスは急速に増加している。またごく幼い子どもに向けた教育的な配慮のあるプログラムの重要性についての認識が高まっている。ただし、近年の在籍率の増加はあるものの、ごく幼い子ども、特に3歳未満児の在籍率は相変わらず低い。OECD加盟国の平均では、3歳未満児のECECへの在籍率は2016年に35％であるが、しかしこの年齢の参加率は国によって大きなばらつきがある。これとは対照的に、5歳児の在籍率は大多数の国で90％を超えている（図1.1）。これらの国では、「持続可能な開発目標」（Sustainable Development Goals）のターゲット4.2、すなわち、「すべての子どもが初等教育入学の公的年齢の1年前に組織的な学習の機会に参加できること」にすでに近づいているか、それが達成されている。

　このようなアクセスの増加は、ひとつには、3歳未満児に向けたこのようなプログラムでの受け入れの場の法的な受給権（施設に入る資格、定員数）が拡がった結果であり、また3～5歳児のアクセスの無償化への努力の結果である。しかし、提供されるプログラムの質、また個々の子どもの通常の週当たり登録時間数には、OECD諸国のなかで依然として大きな差異がある。アクセス数を増やすことは質の高いECECを保証するものではない。したがって、多くの国では初等前教育のカリキュラム枠組みを拡張して、このようなプログラムの質を強化し、初等前から初等教育へのよりよい移行を保障しようとしてきた。

図1.1

幼児教育と初等教育での在籍率（年齢別）

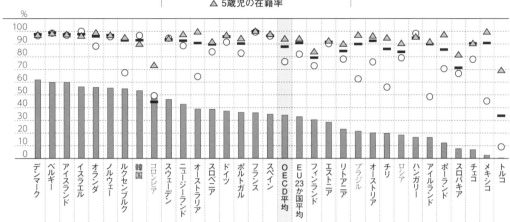

凡例：
- ■ 3歳未満児の在籍率
- ○ 3歳児の在籍率
- ━ 4歳児の在籍率
- △ 5歳児の在籍率

注：3歳未満児の場合は、公的なチャイルドケア（ISCED 0）その他の登録ECECサービスを受けている。4～5歳児がすでに初等教育に在籍している国もある。

出典：OECD (2018), *Education at a Glance 2018: OECD Indicators*, OECD Publishing, Paris, https://dx.doi.org/10.1787/eag-2018-en.

図1.2

ECECの開始年齢と15歳時点の科学的リテラシーの習熟度（社会経済的地位別）

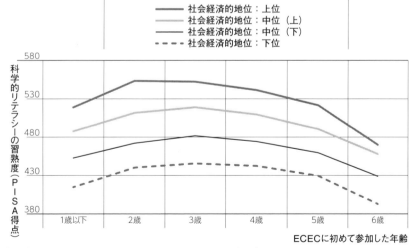

凡例：
- ── 社会経済的地位：上位
- ── 社会経済的地位：中位（上）
- ── 社会経済的地位：中位（下）
- ---- 社会経済的地位：下位

出典：OECD (2015), Programme for International Student Assessment (PISA) database, http://www.oecd.org/pisa/data/.

第1章

　PISA2015年調査によると、過去に初等前教育を受けた年数が1年増えるごとに、15歳時点の生徒の科学的リテラシーの得点は4点高くなることがわかっている。しかし、この関係は、生徒と学校の社会経済的地位を考慮に入れると大方消えてしまう。この関係が弱いひとつの理由は、生徒と学校の社会経済的状態を考慮する以前にすでに、この関係は曲線を描くからである。すなわち、就学前教育を受けたのが1年未満の生徒は、初等前教育をまったく受けなかった生徒および1年以上受けた生徒よりも、科学的リテラシーの得点が低かったのである。

乳幼児教育の利用の公平性と学習の成果

　過去にECECプログラムに長期間通うことのできた生徒ほどPISAで良い得点を収めたが、各国を通した平均値についてみると、社会経済的に不利な環境にいる子どものほうが（ECECプログラムから）受ける恩恵は有意に大きかった（図1.2と図1.4を参照）。このような格差への取り組みにもし失敗するとしたら、ECECは不平等を軽減するどころか悪化させることになるだろう。

　OECD加盟国を通してみると、ECECプログラムに通った年数の平均と、15歳時点で生徒が通っている学校の特徴との間には関連がある。特に、社会経済的に恵まれた環境の生徒が大半を占める学校・私立校・都市部の学校の生徒のほうが、恵まれた生徒が少ない学校・公立校・農村部の学校の生徒よりも、ECECへの参加年数が相対的に長かった傾向がある（図1.3）。このことが示唆するのは、ECECへの参加は多数の要因——のちに通う中等学校の特徴も含め——と関連しており、これらもまた生徒の成果に寄与しているということである。

　乳幼児期の教育（ECE, ISCED 0）を受けた記憶のある15歳の生徒では平均して、生徒の92％が「少なくとも1年間」ECEに参加した、77％が「少なくとも2年間」参加したと報告している（PISA2015）。しかし、上記のように大半の国では、恵まれた状況にいる15歳の生徒のほうが、不利な環境にいる生徒よりも、ECEに参加する機会が多かった。たとえば、ECEを過去に少なくとも2年間受けた15歳の生徒の割合のOECD平均値は、不利な状況にいる生徒の場合には72％であるのに比べ、恵まれた状況の生徒の場合には82％だった（図1.4）。OECD諸国全体でみると、「ECEに少なくとも2年間通った経験がある」生徒について、恵まれた生徒と恵まれない生徒の間で18％以上の差がある国は、スロベニア、スロバキア、トルコ、アメリカである。これが意味しているのは、乳幼児期の教育（ECE）から最も多く恩恵を受けることができたはずの15歳の生徒——すなわち恵まれない環境出身の生徒——は、幼いときにこの種のプログラムへの参加経験を欠くことが多いということである。

　同様の不公平が農村部と都市部の学校、あるいは公立学校と私立学校の比較からもみられる。OECD諸国全体でみると、15歳の都市部の学校の生徒は、農村部の学校の生徒よりも、幼児教育を

図1.3

ECECへの参加期間の差異（学校の特徴別）

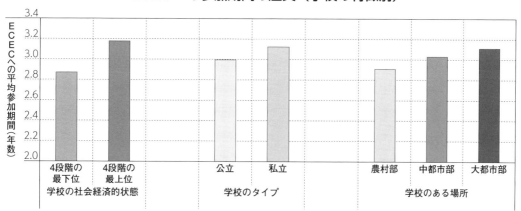

縦軸：ECECへの平均参加期間（年数）

- 4段階の最下位 / 4段階の最上位　学校の社会経済的状態
- 公立 / 私立　学校のタイプ
- 農村部 / 中都市部 / 大都市部　学校のある場所

出典：OECD (2015), Programme for International Student Assessment (PISA) database, http://www.oecd.org/pisa/data/.

図1.4

初等前教育を2年以上受けた15歳の生徒の割合（社会経済的地位別）（2015年）

乳幼児期の教育（ECE）（ISCED 0）

■ 恵まれない環境の生徒（4段階の最下位）
△ 恵まれた環境の生徒（4段階の最上位）

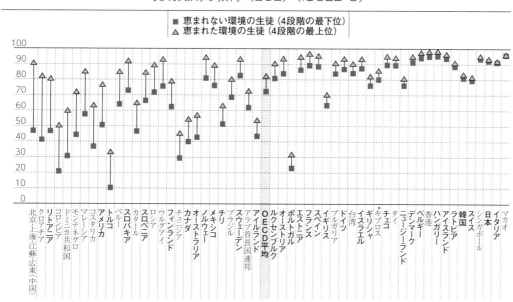

*本書2頁の「キプロスに関する注」を参照。
注：左から順に、「過去にECECに2年以上通った生徒」の比率が、「社会経済的に恵まれた生徒」と「恵まれない生徒」との間で大きい国・地域。
出典：OECD (2017), *Starting Strong 2017: Key OECD Indicators on Early Childhood Education and Care*, OECD Publishing, Paris, http://dx.doi.org/10.1787/9789264276116-3-en. OECD, Programme for International Student Assessment (PISA) database, http://www.oecd.org/pisa/data/.

受けた期間が2か月長かった。また15歳の私立学校の生徒も、公立学校の生徒よりも、幼児教育を受けた期間が2か月長かった（OECD, 2016 [16]）。

　ECECプログラムは、移民の背景をもつ生徒には特に重要である。ECECは（かれらが）新しい国の学校制度に適応するために必要な言語スキルおよび社会的スキルの発達を促進することができる。ECECプログラムに通っていたことがあると報告した移民の生徒は、このようなプログラムに参加しなかった生徒と比べて、PISAの読解力の得点が平均して49ポイント高かった。この数字は、（ECECの効果が）学校教育をもうあと1年半ほど長く受けた場合と同等であることを示している。さらに、その土地で生まれ育った生徒と比較すると、移民の生徒は、幼い年齢でECECに通った場合ほど学業面のプラスの影響がより長期に及ぶことをPISAのデータは示している。かれらは、15歳時点での科学的リテラシーの評価で、現地で生れ育った生徒より高い得点すらマークしているのである。

ECECを通じて社会の不平等に取り組む

　ECECに関する先行研究は伝統的に、特に社会経済的な格差に対して、質の高いECECの潜在力が困窮家庭の環境を補償する可能性について焦点を当ててきた（最近のレビューを参照のこと：Duncan and Magnuson, 2013 [17]；Leseman and Slot, 2014 [18]）。たとえば、貧困家庭の子どもたちにみられる「知的な障害」の予防は、ペリー・就学前研究のようなよく知られた早期介入研究の主な焦点であった（Schweinhart and Weikart, 1997 [19]）。その主要な考え方は、研究論文でも政策文書でも相変わらず大きな影響力をもっているが、もし子どもが、ECECにおいて安全で養育的で豊かな環境に置かれていれば、この環境でのかれらの経験は貧困に伴うマイナスの影響を相殺するだろう、というものである。ECECが恵まれない家庭環境にいる子どものライフチャンス（人生の選択可能性）を高める潜在力があるということは、無作為化比較対照試験（RCT）研究と観察研究の両方のエビデンスから得られている（Barnett, 2011 [20]；Camilli et al., 2010 [21]；Dearing, McCartney and Taylor, 2009 [22]；Melhuish et al., 2008 [23]；Zachrisson and Dearing, 2014 [24]）。

　いくつかの例外を除けば、どの国でも、ECECに入るための社会的な選別があったり、また教育とケアの質における格差があって、質の高いプログラムに通える可能性が最も低いのは社会経済的に恵まれない子どもだということは、したがってパラドックスなのである（Petitclerc et al., 2017 [25]）。このような国には、アメリカのように市場ベースの対象を絞ったプログラムをもつ国から（Fuller, Holloway and Liang, 1996 [26]）、ノルウェーのように補助金制度によって誰でもECECを利用できる方式をとっている国（Sibley et al., 2015 [27]；Zachrisson, Janson and Nærde, 2013 [28]）までがある。

　さらに、質の高いECECプログラムに通うことが（通わないことに比べて）子どもの発達、ウェル

ビーイングおよび学習に利益をもたらすことが、上記の諸研究で示されているものの、未解決の問題が残されている。それは「有効成分」つまりこれらの結果を説明する質の構成要素は何なのか、ということである（Duncan and Magnuson, 2013 [17]；Sim et al., 2018 [29]）。たとえば、スタッフと子どもの相互作用のプロセスの質についてのメタ分析が二つあるが、恵まれた子どもに比べて恵まれない子どものほうにより有益だというその質は何か、を見出すことはできていない（Keys et al., 2013 [30]）。ECECの質（広く定義づけて）のなかで社会経済的地位に関係する違いを生み出すものを特定すること、そして発達の機会の公平性の推進に関わる「有効成分」の絡みをほぐすことは、したがって、将来の研究の優先課題になるべきである（Duncan and Magnuson, 2013 [17]；Sim et al., 2018 [29]）。

　恵まれない家庭の子どもや民族的に多様な家庭の子どもたちは、自分と似たような背景をもつ子どもたちのいる施設に通うことがよくある（Becker and Schober, 2017 [31]）。アメリカとノルウェーから得られたエビデンスによれば、ECECでの子ども仲間はかれらの言語発達にも社会情動的発達にも影響する（Justice et al., 2011 [32]；Neidell and Waldfogel, 2010 [33]；Ribeiro and Zachrisson, 2017 [34]；Ribeiro, Zachrisson and Dearing, 2017 [35]）。したがって、ピアグループの構成は子どもの発達に影響する。たとえば、アメリカでの研究によると、社会経済的地位が比較的高い家庭の子どもたちがいるプリスクールに通った子どもは、その子自身の背景がどうであれ、認知的な学校レディネス（就学準備）のスキルの発達が優れていた（Reid and Ready, 2013 [36]）。同様に、オランダでは、恵まれない家庭出身の子どもたちのうち、さまざまな背景をもつ子どもたちのいるプログラムに通った子どもは、社会経済的に同質なグループのなかの子どもよりも、読み書きのスキルの獲得が優れていた（de Haan, A. et al., 2013 [37]）。

　ドイツでは、構造的な特質と学習材の入手しやすさは、集団構成との関連がなかった（Becker and Schober, 2017 [31]）。しかしアメリカのエビデンスでは、状況によっては、恵まれない家庭の親は、富裕な家庭の親よりも質の低い施設を選ぶ傾向があることが示された（Dowsett et al., 2008 [38]）。したがって、ECECプログラムのなかに恵まれない家庭の子どもがどれくらい一緒に固まっているか、また恵まれない家庭の子どもが相当数いる施設が、より裕福な家庭の子どもたちが通っている施設に比べて、質が劣るのかどうか、どこがそうなのか、を突き止めることは、国を問わず高度な政策課題なのである。

第1章

コラム1.3

人生初期の学びと子どものウェルビーイングに関する国際研究

「人生初期の学びと子どものウェルビーイングに関する国際研究」（The International Early Learning and Child Well-being Study, IELS）は、子どもたちの発達と全体的なウェルビーイングをより望ましく支援することを目的として、各国が人生初期（乳幼児期）の学習経験を改善するのに役立つよう計画された。この研究は各国に対して、乳幼児期の発達にいっそう多くの関心と関与を促すための共通の言語と枠組みを提供しようとする。幼児の家庭の学習環境とECECでの経験についての堅固な実証的情報を収集することによって、各国は幼児期の学習を促す要因や妨げとなる要因を明らかにすることができる。この研究から生み出される知識は各国に共有され、国に対して子どもの成果や全体的なウェルビーイングの向上をめざすアクションをとるように促す。この研

 物語とゲーム
興味深くおもしろく、
発達的に適切

 タブレットの配布
簡単で直感的、
事前の経験は不要

読み書きなし
文章がなく、
視聴覚素材だけを
使用

一人ひとりへの
アプローチ
子どもは個別に
1対1の援助のもとに
評価される

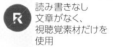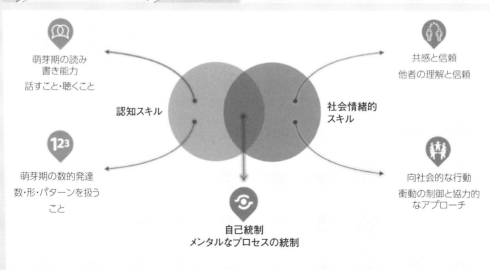

萌芽期の読み
書き能力
話すこと・聴くこと

認知スキル

萌芽期の数的発達
数・形・パターンを扱う
こと

自己統制
メンタルなプロセスの統制

社会情緒的
スキル

共感と信頼
他者の理解と信頼

向社会的な行動
衝動の制御と協力的
なアプローチ

究はOECDの先導のもとに、加盟国政府[*1]、国際的な乳幼児期および調査研究のエキスパートから成るコンソーシアムのサポートを得ている。

　この研究には、5歳児たち・その親・ECEC施設あるいは学校の教員、さらに訓練を受けた研究マネジメント担当者が関わっている。子どものウェルビーイングを保障することが、この研究の第一の優先課題である。このために、データ収集の新しいツールが、特に子どものことを考慮して開発された。この調査のために特別に設計された活動のなかには、5歳児の発達にふさわしい、興味深くおもしろい物語やゲームがある。この研究はホリスティックなアプローチをとっており、幼児期の多領域の学習が含まれている。たとえば、読み書き・数のような萌芽期の認知的スキル、共感や信頼などの社会的情動的なスキル、自己統制のような認知能力と非認知能力の両方から引き出されるスキルなどである。この研究は、学習領域の総合的なセットを含めたのに加え、広範なリソース、すなわち、子ども自身・親・施設や学校の教職員・研究担当者から、子どもの萌芽期（小学校入門期）のスキルについての情報を収集している。

　2016年に開始されたこの研究は、幼児期の学習に関する包括的な測定セット（set of metrics）を開発するための、最も野心的な国際事業のひとつである。2017年の現場での試行調査の結果からわかったことは、子どもたちはアニメの物語やゲームを楽しみ、教師や施設の職員はこの年齢の子どもの発達についての国際的な注目を支持しているということであった。本調査研究の結果は、2020年初頭に入手可能となる。

訳注＊1. 2016-2020年の第1回調査には、エストニア・アメリカ・イギリスの3か国が参加。

結　論

　人生の最初の5年間に、子どもは人生のどの時期よりも速いスピードで学習し、認知的・社会的・情動的スキルを発達させるが、これらのスキルは、子ども期から成人期を通して何かをやり抜き達成するときの根源となるものである。ECECは、したがって、子どもがその潜在力を発揮するのを助ける強力なレバー（政策的なてこ入れを行うべき介入点）でもある。

　さらに、子どもたちがECECにおいて安全で養育的で豊かな環境に置かれるならば、このプログラムでのかれらの経験は、不利な環境と結びついた否定的な結果を相殺することができる。ECECには、

第1章

恵まれない家庭環境にいる子どものライフチャンス（人生の選択可能性）を高める潜在力があるというエビデンスが、無作為化比較対照試験（RCT）研究と観察研究の両方から得られている。

　したがって、どの国でもECECに入るのに根強い社会的選別があり、そこでの保育（教育とケア）の質に格差があるのは、パラドックスなのである。このような格差への取り組みに失敗する場合には、ECECは不平等を軽減せずむしろ悪化させる可能性があることを意味するであろう。次の章では、この問題に取り組む政策オプションについて検討する。

参考文献・資料

Arnold, D. and G. Doctoroff (2003), "The early education of socioeconomically disadvantaged children", *Annual Review of Psychology*, Vol. 54/1, pp. 517-545, http://dx.doi.org/10.1146/annurev.psych.54.111301.145442. [14]

Barnett, W. (2011), "Effectiveness of Early Educational Intervention", *Science*, Vol. 333/6045, pp. 975-978, http://dx.doi.org/10.1126/science.1204534. [20]

Becker, B. and P. Schober (2017), "Not Just Any Child Care Center? Social and Ethnic Disparities in the Use of Early Education Institutions With a Beneficial Learning Environment", *Early Education and Development*, Vol. 28/8, pp. 1011-1034, http://dx.doi.org/10.1080/10409289.2017.1320900. [31]

Burchinal, E. (2016), "Quality, thresholds, features and dosage in early care and education: Secondary data analyses of child outcomes", *Monographs of the Society for Research in Child Development*, Vol. 81/2, http://dx.doi.org/10.1111/mono.12248. [7]

Camilli, G. et al. (2010), "Meta-analysis of the effects of early education interventions on cognitive and social development", *Teachers College Record*, Vol. 112/3, pp. 579–620. [21]

Cappella, E., J. Aber and H. Kim (2016), *Teaching Beyond Achievement Tests: Perspectives From Developmental and Education Science*, American Educational Research Association, http://dx.doi.org/10.3102/978-0-935302-48-6_4. [8]

de Haan, A. et al. (2013), "Targeted versus mixed preschools and kindergartens: Effects of class composition and teacher-managed activities on disadvanged children's emergent academic skills", *School Effectiveness and School Improvement: An International Journal of Research, Policy and Practice*, Vol. 24/2, pp. 177-194, http://dx.doi.org/10.1080/09243453.2012.749792. [37]

Dearing, E., K. McCartney and B. Taylor (2009), "Does Higher Quality Early Child Care Promote Low-Income Children's Math and Reading Achievement in Middle Childhood?", *Child Development*, Vol. 80/5, pp. 1329-1349, http://dx.doi.org/10.1111/j.1467-8624.2009.01336.x. [22]

Dowsett, C. et al. (2008), "Structural and process features in three types of child care for children from high and low income families", *Early Childhood Research Quarterly*, Vol. 23/1, pp. 69-93, http://dx.doi.org/10.1016/j.ecresq.2007.06.003. [38]

Duncan, G. and K. Magnuson (2013), "Investing in Preschool Programs", *Journal of Economic Perspectives*, Vol. 27/2, pp. 109-132, http://dx.doi.org/10.1257/jep.27.2.109. [17]

Fuller, B., S. Holloway and X. Liang (1996), "Family Selection of Child-Care Centers: The Influence of Household Support, Ethnicity, and Parental Practices", *Child Development*, Vol. 67/6, p. 3320, http://dx.doi.org/10.2307/1131781. [26]

Heckman, J. (2006), "Skill formation and the economics of investing in disadvantaged children", *Science*, Vol. 312/5782, pp. 1900-1902, http://dx.doi.org/10.1126/science.1128898. [15]

Justice, L. et al. (2011), "Peer Effects in Preschool Classrooms: Is Children's Language Growth Associated With Their Classmates' Skills?", *Child Development*, Vol. 82/6, pp. 1768-1777, http://www.jstor.org/stable/41289881. [32]

Keys, T. et al. (2013), "Preschool Center Quality and School Readiness: Quality Effects and Variation by Demographic and Child Characteristics", *Child Development*, Vol. 84/4, pp. 1171-1190, http://dx.doi.org/10.1111/cdev.12048. [30]

第1章

Leseman, P. and P. Slot (2014), "Breaking the cycle of poverty: challenges for European early childhood education and care", *European Early Childhood Education Research Journal*, Vol. 22/3, pp. 314-326, http://dx.doi.org/10.1080/1350293x.2014.912894. [18]

Melhuish, E. et al. (2015), *A review of research on the effects of early childhood education and care (ECEC) upon child development. WP4.1 Curriculum and quality analysis impact review*, CARE, http://ecec-care.org/fileadmin/careproject/Publications/reports/. [1]

Melhuish, E. et al. (2008), "THE EARLY YEARS: Preschool Influences on Mathematics Achievement", *Science*, Vol. 321/5893, pp. 1161-1162, http://dx.doi.org/10.1126/science.1158808. [23]

Neidell, M. and J. Waldfogel (2010), "Cognitive and Noncognitive Peer Effects in Early Education", *Review of Economics and Statistics*, Vol. 92/3, pp. 562-576, http://dx.doi.org/10.1162/rest_a_00012. [33]

OECD (2017), *Starting Strong 2017: Key OECD Indicators on Early Childhood Education and Care*, OECD Publishing, Paris, http://dx.doi.org/10.1787/9789264276116-3-en. [10]

OECD (2017), *Starting Strong V: Transitions from Early Childhood Education and Care to Primary Education*, Starting Strong, OECD Publishing, Paris, https://dx.doi.org/10.1787/9789264276253-en. [6]

OECD (2016), *PISA 2015 Results (Volume II): Policies and Practices for Successful Schools*, PISA, OECD Publishing, Paris, http://dx.doi.org/10.1787/9789264267510-en. [16]

OECD (2015), *Starting Strong IV: Monitoring Quality in Early Childhood Education and Care*, Starting Strong, OECD Publishing, Paris, http://dx.doi.org/10.1787/9789264233515-en. [5]

OECD (2014), *New Insights from TALIS 2013: Teaching and Learning in Primary and Upper Secondary Education*, TALIS, OECD Publishing, Paris, https://dx.doi.org/10.1787/9789264226319-en. [11]

OECD (2011), *Starting strong III: A Quality Toolbox for Early Childhood Education and Care*, OECD Publishing, Paris, http://dx.doi.org/10.1787/9789264123564-en. (『OECD保育の質向上白書：人生の始まりこそ力強く：ECECのツールボックス』OECD編著、秋田喜代美・阿部真美子・一見真理子・門田理世・北村友人・鈴木正敏・星三和子訳、明石書店、2019年) [4]

OECD (2006), *Starting Strong II: Early Childhood Education and Care*, Starting Strong, OECD Publishing, Paris, http://dx.doi.org/10.1787/9789264035461-en. (『OECD保育白書：人生の始まりこそ力強く：乳幼児期の教育とケア (ECEC) の国際比較』OECD編著、星三和子・首藤美香子・大和洋子・一見真理子訳、明石書店、2011年) [3]

OECD (2001), *Starting Strong: Early Childhood Education and Care*, Starting Strong, OECD Publishing, Paris, http://dx.doi.org/10.1787/9789264192829-en. [2]

Petitclerc, A. et al. (2017), "Who uses early childhood education and care services? Comparing socioeconomic selection across five western policy contexts", *International Journal of Child Care and Education Policy*, Vol. 11/1, http://dx.doi.org/10.1186/s40723-017-0028-8. [25]

Reid, J. and D. Ready (2013), "High-Quality Preschool: The Socioeconomic Composition of Preschool Classrooms and Children's Learning", *Early Education & Development*, Vol. 24/8, pp. 1082-1111, http://dx.doi.org/10.1080/10409289.2012.757519. [36]

Ribeiro, L. and H. Zachrisson (2017), "Peer Effects on Aggressive Behavior in Norwegian Child Care Centers", *Child Development*, http://dx.doi.org/10.1111/cdev.12953. [34]

Ribeiro, L., H. Zachrisson and E. Dearing (2017), "Peer effects on the development of language skills in [35]

Norwegian childcare centers", *Early Childhood Research Quarterly*, Vol. 41, pp. 1-12, http://dx.doi. org/10.1016/j.ecresq.2017.05.003.

Sammons, P. et al.（2008）, Children's *Cognitive Attainment and Progress in English Primary Schools During Key Stage 2: Investigating the potential continuing influences of pre-school education*, VS Verlag für Sozialwissenschaften, http://dx.doi.org/10.1007/978-3-531-91452-7_12. [12]

Schweinhart, L. and D. Weikart（1997）, "The high/scope preschool curriculum comparison study through age 23", *Early Childhood Research Quarterly*, Vol. 12/2, pp. 117-143, http://dx.doi.org/10.1016/ s0885-2006（97）90009-0. [19]

Sibley, E. et al.（2015）, "Do increased availability and reduced cost of early childhood care and education narrow social inequality gaps in utilization? Evidence from Norway", International Journal of Child Care and Education Policy, Vol. 9/1, http://dx.doi.org/10.1007/s40723-014-0004-5. [27]

Sim, M. et al.（2018）, *Teaching, Pedagogy and Practice in Early Years Childcare: An Evidence Review*, Early Intervention Foundation. [29]

Sylva, K. et al.（2004）, *The Effective Provision of Pre-school Education（EPPE）project: Final Report - A longitudinal study funded by the DfES 1997-2004*, Institute of Education, University of London/ Department for Education and Skills/ Sure Start, London. [13]

Yoshikawa, H. and S. Kabay（2015）, *The Evidence Base on Early Childhood Care and Education in Global Contexts*, UNESCO, Paris, http://unesdoc.unesco.org/images/0023/002324/232456e.pdf. [9]

Zachrisson, H. and E. Dearing（2014）, "Family Income Dynamics, Early Childhood Education and Care, and Early Child Behavior Problems in Norway", *Child Development*, Vol. 86/2, pp. 425-440, http:// dx.doi.org/10.1111/cdev.12306. [24]

Zachrisson, H., H. Janson and A. Narde（2013）, "Predicting early center care utilization in a context of universal access", *Early Childhood Research Quarterly*, Vol. 28/1, pp. 74-82, http://dx.doi. org/10.1016/j.ecresq.2012.06.004. [28]

人生初期の学びのための政策：
労働の編制と職員の資格

　本章では、ECECに関連する質の二つの側面について検討する。それは「構造的特質」と「プロセスの質」である。構造的特質とは、労働時間、職員の給与、子どもとスタッフの人数比、所定のプログラムにおけるスタッフの資格、のような労働上の編制のことである。一方、プロセスの質は、子どもとスタッフとの相互作用やグループ内の子ども同士の相互作用、と定義づけられる。本章ではこれらの多様な構成要素の絡み合いがECECの質にどのように影響するかを示した研究について検討する。

乳幼児期の教育とケア（ECEC）が子どもに与える恩恵の大きさは、提供されるサービスの質によって異なることを示す研究が増えている。質の劣るプログラムの場合、恩恵と結びつかないどころか子どもの発達と学びを阻害することまである（Britto, Yoshikawa and Boller, 2011 [1]；Howes et al., 2008 [2]）。利用者の手に届くECECの受け入れ数を増やすことへの圧力が高まっているが、地方分権化の進む部門で公的予算が緊縮している場合には、このため質の向上が後退することがよくある。そこで、子どもの発達に非常に深く関わる「質の次元」について明確な理解をもつことがいっそう重要となっている。

ECECの「質」の次元

　ECECの質の定義は、構造的特質（structural characteristics）とプロセスの質（process qualities）をしばしば区別している（OECD, 2018 [3]）。

　構造的特質は、どちらかといえば（子どもと保育者から）距離を置いたECECの質の指標である。それは、インフラ、すなわち利用可能な物理的環境や人的・物的資源を指す。構造的特質はどちらかといえばECEC制度の規制が比較的容易な側面で、たとえば、子どもとスタッフの人数比、クラスやグループの人数、スタッフの養成・研修などを指す。これらの特質は、教室・施設・制度のレベルでの調査や聞き取りによって測られることが多い。

　プロセスの質は、子どもの日常生活の経験により近い側面を扱っている。これには、遊びやもっと構造化された活動、ルーティン活動などを行うなかでの、子どもとスタッフとの相互作用や子ども同士の相互作用における社会的・情緒的・身体的・教育的な側面が含まれる。スタッフと子どもの相互作用に含まれるのは、1）身体と心のケアやサポートを含む情緒面の雰囲気、2）教え方の質あるいは教育実践（たとえば子どもの学びと発達に関与するときにスタッフが使う方略や活動、子どもの学びに足場かけをする方法も含む）、3）グループのルーティン活動の組織化と子どもの行動のマネジメント、などである。

　プロセスの質に含まれる別の側面には、利用可能な空間・素材と子どもたちとの相互作用の質がある（Hamre et al., 2014 [4]；Mashburn et al., 2008 [5]；Slot et al., 2017 [6]；Slot, 2017 [7]）。子ども同士およびスタッフ同士の相互作用、さらにスタッフと親との相互作用も重要である。親との関わりの多い子どもは、読みや数のスキルに優れ、良好な社会的・情緒的なスキルを身につけ、学びへの動機づけが高い傾向がある（OECD, 2017 [8]）。さらに、健全な愛着の源である支持的な関係性は、子どもの側の情緒面の理解力と統制力、安全・安心の感覚、探索と学びを楽しむ気持ちにプラスに影響する（OECD, 2015 [9]）。

「OECD生徒の学習到達度調査」（Programme for International Student Assessment, PISA）や他の多くの研究によれば、読み・書字・物語の語りきかせ・歌唱のような活動に親が関わってくれる子どもたちは、読みや数のスキルの獲得が優れている傾向があるだけでなく、学習への動機づけも高い（Scottish Government, 2016 [10]；OECD, 2011 [11]；Sylva, Siraj-Blatchford and Taggart, 2003 [12]；van Voorhis et al., 2013 [13]）。ジェンダーや社会経済的地位に関係する発達の成果の差異は、人生の早い時期、すなわち小学校入学以前にすでにみられる（Bradbury et al., 2011 [14]；Feinstein, 2003 [15]；Sylva et al., 2004 [16]）。このように、親・ECECのスタッフ・学校教員が、子どもの個々の支援ニーズをみきわめる役割は、きわめて重要である。

コラム2.1

人生の始まりこそ力強く：ECECの影響力の向上へ

　ECECの子どもに与える恩恵、また社会に対する恩恵は、ECECプログラムの質に大きく依存している。従来、政策の焦点は、質の構造的な側面——子どもとスタッフの人数比、集団の規模（クラスやグループの人数）、スタッフの資格など——への投資にあった。しかし、乳幼児期の環境の質が子どもの発達・学び・ウェルビーイングにとって非常に重要だということが研究で示されている。このため、政策立案者は、利用者の手に届きしかも質の高いプログラムへの投資に対して複雑な決定を迫られている。限られた予算のなかで、スタッフの資格を上げるべきか集団の人数を減らすべきか、そのどちらがより重要なことなのだろうか。国や自治体は、質の問題とアクセスの量的拡大の問題にいかに同時に取り組むことができるだろうか。政策立案者たちがエビデンスに基づいた情報を確かにキャッチできるように、OECDは「ECECにおける規制を超える質に関する政策レビュー」（Policy Review on Quality beyond Regulations in Early Childhood Education and Care＝Starting Strong VI）、そして「国際幼児教育・保育従事者調査」（Starting Strong Teaching and Learning International Survey）を実施している。

ECECにおける規制を超える質に関する政策レビュー（Starting Strong VI）

　「規制を超える質」についてのレビュー調査の目的は、各国がECECプログラムのさまざまな質の次元をより深く理解するための手助けをすることである。そのため、プロセスの質を強化して子どもの発達・学び・ウェルビーイングをいっそう確保できるような政策的介入に焦点を絞っている。プロセスの質についての初の国際比較レビュー調査に参加することで、各国は、相互に学び合う機会を得るばかりか、制度・スタッフ・子ども、それぞれのレベルでのECECの質についてのデータ

第2章

をモニタリングしたり、収集して読み解いてゆくための支援を得ることになろう。

「規制を超える」ことの意味は、プロセスの質の多様な側面に焦点を当てるということである。プロセスの質は、ECECプログラムが子どもの発達をいかによりよく形作るかを決める要素であり、子どもたちが、仲間・スタッフ・親・コミュニティとどのように関わるのか、また利用可能な空間や素材ともどう関わるかを決める鍵である。「規制を超える質」（Quality beyond Regulations, QbR）プロジェクトでは、カリキュラムと教育実践、労働力の開発のような政策レバーが、こうした「相互作用（＝プロセス）の質」をいかに改善できるかを見出そうとしている。

同プロジェクトの今後の作業行程（マイルストーン）は、以下のようになっている。

1）プロセスの質向上のための政策と実践に関する国別調査と背景報告書（2019年）の作成。
2）質に関する多元的マトリックス/枠組み（2020年）のとりまとめ。
3）国際総括レポートであるStarting Strong Ⅵ（2021年）の公表。

OECD国際幼児教育・保育従事者調査（TALIS Starting Strong）

（OECDでは表記の邦訳名をもつ）初の国際ECECスタッフ調査が、既成のOECD国際教員指導環境調査（Teaching and Learning International Survey, TALIS）を土台にして立ち上げられている。これは、ECECのスタッフと施設長に、自らの職能開発、教育についての信念と実践、施設の労働条件、多様なリーダーシップ、マネジメント、職場の課題などについて尋ね、そのデータ分析の考察結果を共有する機会を提供するものである。

この調査によって乳幼児施設での学びとウェルビーイングのための環境の質に関するデータがOECD加盟国9か国[*1]で収集されたが、このことは政策立案者にとって二つの意味で有益であろう。ひとつは、このデータによる報告で、乳幼児期に関わるプロフェショナルが行う仕事や教育実践が、国際的にも一国のなかでも、また制度間でもひとつの制度のなかでも、どのような差異があるのかに光が当てられることである。もうひとつは、このデータに依拠して、ECEC政策が子どもの学びとウェルビーイングの環境に及ぼす影響力についての分析と考察を深められることである。たとえば、同プロジェクトでは、これらの施設の構造的な特質が、スタッフの考え方・実践・同僚との相互作用・子どもとの相互作用とどのように関連しているかを探査することになるであろう。

今後の作業行程（マイルストーン）は、以下のようになっている。

1) ECEC施設で質の高い学びとウェルビーイングの環境を確保することに関する国際データベースと報告書（第1巻）（2019年）の公表。
2) 3歳未満児を対象とする施設とそのスタッフに関するテーマ別報告のとりまとめ。
3) ECECの質の高い労働力の形成に関する報告書（第2巻）（2020年）の公表。

訳注＊1. 調査参加国は、チリ、デンマーク、ドイツ、アイスランド、イスラエル、日本、韓国、ノルウェー、トルコの9か国。

ECECにおける労働の編制

　ECECの労働力として最もふさわしい候補者を惹きつけるためには、各国は適切な報酬を提供するだけでなく、リーダーや他のスタッフが自律を与えられ、職業的専門家として働く時間と空間をもてる環境を整備する必要がある。この点で、「法定労働時間」（statutory working hours）および「子どもとスタッフの人数比」（child-to-staff ratio）は、乳幼児施設における環境の質を評価するのに重要な、制度レベルの二つの指標である。

　「労働量」（workload）とは、労働時間数のことで、そのスタッフのスケジュールが家庭生活と仕事の物理的な負担を両立できるかどうか（＝ワークライフバランス）についての指標となっている。集団の規模が大きすぎる、スタッフ一人当たりの子どもの人数が多すぎる、労働量がきつい、などはスタッフにとって潜在的なストレス要因になる。ECECの質に及ぼす労働量の影響を示したいくつかの研究成果によれば、労働負担の重い実践者は、軽目なスケジュールの同僚よりも、仕事がうまくいかないことが明らかになっている（de Schipper, Riksen-Walraven and Geurts, 2007 [17]）。

　同研究では、スタッフの仕事への満足度と勤続期間、したがってECECの質は、次のようなやり方で改善できるとしている。1) 子どもとスタッフの人数比および集団の規模を小さくする、2)（他業種に）ひけをとらない給与や福利厚生を整備する、3) 適正なスケジュール/労働量を設定する、4) スタッフの離職を減らす、5) 労働の良好な物理的環境を整備する、6) 有能でスタッフを支援できる施設長を雇用する。

　質の高い労働力を作りあげるうえで各国が直面している共通の課題には、次のようなことがある。1) スタッフの資格を引き上げる、2) 資格をもった労働力を採用・維持・多様化する、3) 労働力のスキルを継続的にアップデートする、4) 民間セクターの労働力の質を確保する。このような課題への取り組みには、法的な手段・施設の再編・財政的なインセンティブの付与・政策立案者および一

第2章

般市民への情報データの提供発信、などによるさまざまな方略がとられてきた。次の節では、これらの要因のいくつかをより詳細に検討する。なお、本章のデータの大半は、以下のOECD報告書から採用されている。*Starting Strong III: A Quality Toolbox for Early Childhood Education and Care*（OECD, 2011 [11]、邦訳：『OECD保育の質向上白書：ECECのツールボックス』）、*Starting Strong 2017: Key OECD Indicators on Early Childhood Education and Care*（OECD, 2017 [18]）、*Education at a Glance 2018*（OECD, 2018 [19]、邦訳：『図表でみる教育OECDインディケータ（2018年版）』）。

労働時間

　「法定労働時間」および「子どもと接する時間」は、教員の実際の労働量を部分的にしか反映していないが、それでもさまざまな国で教員に課せられている要求について貴重な洞察をする機会を与えてくれる。「子どもと接する時間」および「教えること以外の職務の量」もまた、この職の魅力に影響を与えている。

　初等前の教育段階では、公立施設で働く平均的なECECの教員に課されている子どもと接すべき年間の時間数と日数には、国によって相当の開きがある。この段階の公費運営プログラムで求められる子どもとの接触時間の国によるばらつきは、他のいかなる教育段階に比べても大きい。たとえば、年間の教育日数については、157日のベルギー・フラマン語圏から、年間220日以上のドイツとアイスランドまである。子どもと接する年間時間数については、600時間未満の韓国とメキシコから、1,600時間以上のドイツとアイスランドまである。OECD加盟国の平均では、この段階の教員に求められる子どもと接する時間数は年間1,029時間で、これが年間40週あるいは196日分の教育活動のなかに分散している（図2.1）。

　これを1日当たりに直すと、教員に求められる子どもと接する時間数は、データが得られた28か国中17か国で1日当たり4～6時間である。教員が子どもと接する時間の大きな例外は、ドイツ、アイスランド、ラトビアの初等前教育の1日当たり6.5時間以上、および韓国、メキシコの1日当たり4時間未満である。年間を通して子どもと接する時間がどのように配分されているかは、OECD加盟国の間にはっきりしたルールはない。たとえば、ポーランドでは、初等前の教員は年間1,085時間教えなければならず、これはOECD平均より56時間多い。しかしこの子どもと接する時間数は、OECD平均よりも21日多い授業日に分散している。その結果、ポーランドの初等前の教員は、1日平均5時間教えることになり、1日当たりの時間数はOECD平均とほぼ同じになる（図.2.1）。

子どもとスタッフの人数比

　労働時間・労働量・給与に加えて、「スタッフ一人当たりの子どもの人数」が少ないことも労働条件に影響を及ぼす。この点は、仕事の満足度と勤続年数にも影響があるので、これによってECEC

図2.1

初等前の公立機関で教員が年間に「子どもと接する時間数と教育日数」の構成（2017年）

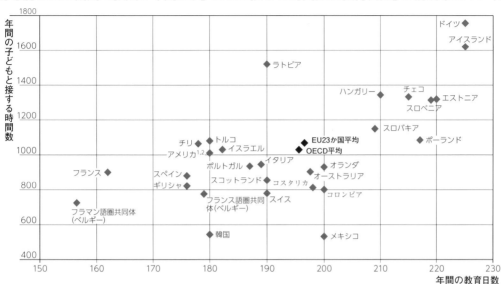

1. アメリカ：実際の授業時間。
2. アメリカ：参照年は2016年。
出典：OECD (2018) , *Education at a Glance 2018: OECD Indicators*, OECD Publishing, Paris, https://dx.doi.org/10.1787/eag-2018-en.

サービスの質が左右されるといってもよいだろう（Clarke-Stewart et al., 2002 [20]；Burchinal et al., 2002 [21]；Huntsman, 2008 [22]）。人数比は、小さいほうが有益だとみなされることがよくある。そのほうがスタッフは、個々の生徒のニーズにより集中でき、授業中のトラブルに対処する時間を減らせるからである。スタッフが効果的に働けるかどうかは、集団の規模にも影響される。集団の人数が少ないほうが、プロセスの質を高めるのに有益である（de Schipper, Riksen-Walraven and Geurts, 2007 [17]；Burchinal et al., 2002 [21]；Huntsman, 2008 [22]）。

「子どもとスタッフの人数比」は、政策立案者が教育への出資をコントロールするのに使える主要な変数のひとつである。それは、したがって、ECECへの投資状況をみるときの重要な指標のひとつであり、サービスの質をはかる指標でもある。初等前の教育段階でのOECD加盟国の平均値は、教員一人当たり子ども14人である。この数は、データの入手できた国でも大きなばらつきがあり、ブラジル、チリ、コロンビア、フランス、メキシコ、南アフリカの20人以上から、アイスランドとスロベニアの10人未満までである（図2.2パネルA）。

しかし、国によっては、初等前のレベルでティーチング・アシスタント（補助員）を加配している

ところがある。OECD加盟の10か国（とパートナー国1か国）は、教員一人が担当する子どもの数よりも、職員一人が担当する子どもの数のほうが少ない、と報告した。しかし、これらの国でティーチング・アシスタントを大勢雇用している国はほとんどないため、子どもと職員の人数比が、子どもと教員の人数比より実質的に低い国（3名以下の違いのある国）は、オーストリア、ブラジル、チリ、フランス、リトアニア、ノルウェーだけであった（図2.2パネルB）。

乳幼児期の発達プログラム（early childhood development progammes）（ISCEDレベル01、3歳未満児）と初等前教育プログラム（ISCEDレベル02、3歳以上から入学まで）の間の（スタッフと子どもの人数比の違い）にも国によるばらつきがみられるが、しかし共通のパターンも浮かびあがる。双方について入手できるデータのある大半の国では、担当職員一人当たりの子ども数（および教員一人当たりの子ども数）は、乳幼児期発達プログラム（ISCED 01）のほうが、初等前教育（ISCED 02）よりも小さい。OECD加盟国の平均では、乳幼児期の発達プログラムでは教員一人につき子ども8人だが、初等前教育では教員一人につき子ども14人である。他の職員を考慮に入れると、乳幼児期発達プログラムでの子どもと接するスタッフに対する子どもの比率が7人以上なのは、ブラジル、コスタリカ、ハンガリー、リトアニアだけである。

スタッフの給与

給与額は「仕事の満足度」と「教員の労働効果」に影響する（Huntsman, 2008 [22]；Moon and Burbank, 2004 [23]；Murnane et al., 1990 [24]）。低い給与は、子どもに対するスタッフの行動に影響し、離職率を上げるというエビデンスがある（Huntsman, 2008 [22]）。さらに、低い給与が理由で、専門スキルをもつ熟練保育者がECECの仕事を選ぶことから遠ざかってしまう可能性がある（Manlove and Guzell, 1997 [25]）。

「給与」「施設の組織上の雰囲気」「スタッフと子どもの相互作用」のそれぞれの間にはプラスの関連が見出されている。しかし、このような側面を含めた研究の数はやや限られている。予備的な研究でのエビデンスによれば、「スタッフの給与」が良く、また「スタッフ同士の協働」が多いほど、3～6歳の施設でも3歳未満の施設でも、「スタッフと子どもの相互作用」の質が高かった。

しかし、ECECでは、教員の給与は、絶対額の点でも国民所得との比較の点でも、国によるばらつきが大きい。たとえば、経験年数15年の初等前教育の教員の場合、年間の法定給与額は（税抜き、米ドル換算、購買力平価を使用）、リトアニアとスロバキアの1万5,000米ドル未満から、オーストラリア、ベルギー・フラマン語圏、韓国、オランダ、アメリカの5万米ドル以上、さらにルクセンブルクの10万米ドルを超える額までと幅が広い（図2.3）。

初等前制度の場合は、教員の給与額のみならず、給与段階（俸給表）の構造も各国で異なっている。

図2.2

乳幼児教育（ECE）における「子どもと教職員の人数比」（2016年）

- ■ 初等前教育：ISCED 02
- □ 3歳未満児の教育的発達（ECED）：ISCED 01

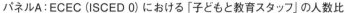

パネルA：ECEC（ISCED 0）における「子どもと教育スタッフ」の人数比

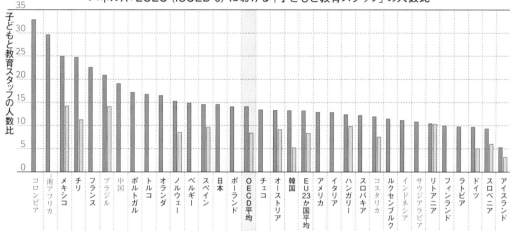

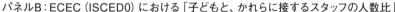

パネルB：ECEC（ISCED0）における「子どもと、かれらに接するスタッフの人数比」

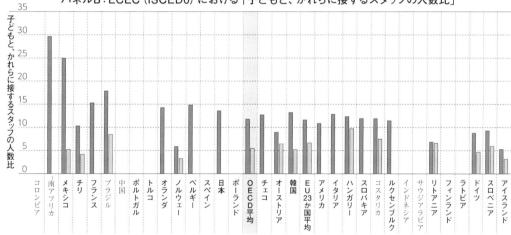

1. 南アフリカの参照年は2015年。
左から順に、初等前教育における子どもと教員の人数比の多い国。
出典：OECD（2018）, *Education at a Glance 2018: OECD Indicators*, OECD Publishing, Paris,
https://dx.doi.org/10.1787/eag-2018-en.

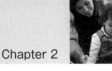

図2.3

初等前教育における教員の法定年間給与額（2017年）

公立機関における最も一般的な資格による給与額
（個人消費向け購買力平価（PPP）米ドル換算）

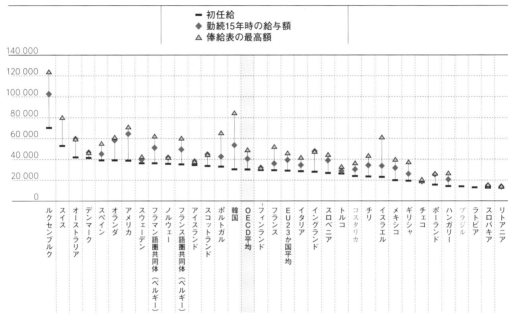

1. フィンランドでは、初等前教育の教員に関するデータに、その大多数である幼稚園教員の給与が含まれている。
注：法定給与は、教員の全報酬のなかの俸給表に基づく唯一の構成要素である。制度上、教員にはその他の手当やボーナス等が支払われている。
左から順に、初等前教員の給与の高い国。
出典：OECD (2018) , *Education at a Glance 2018: OECD Indicators*, Indicator D3, Table D3.1a.,
https://doi.org/10.1787/19991487.

平均的には、初任給から最高段階の給与までで63％アップするが、国による差異が大きい。たとえば、チェコ、デンマーク、フィンランド、アイスランド、リトアニア、ノルウェー、スウェーデンなどの国では、教員のキャリア全体を通して、給与の上昇幅は小さい。イスラエル、韓国、メキシコなどの国では、より経験豊富な教員には多くの報酬を出し、初任給と最高段階の給与の間には2倍以上の開きがある（図2.3）。

スタッフの資格

　適切な初期養成とスタッフの継続的研修（職能開発）の機会の重要性を研究は強調しているが、ECECの実践者に求められる資格は国によって大きく異なっている。職能開発や現職研修に参加する機会もまた、国によって大きなばらつきがある。また幼児教育とチャイルドケアがシステム上乖離している国では、双方の研修にも違いがある。資格要件は、公的養成教育をまったく必要としないものから、専門大学卒業、さらには修士号まで、とさまざまである。職能開発と研修のシステムには、義務制をとっているところから選択制までの幅があり、時には研修のための付加的な財政投入がゼロの場合もある（OECD, 2006 [26]）。

　2017年にデータが得られた22か国中16か国で、初等前教員4人のうち3人が学士課程かそれと同等（ISCEDレベル6）の課程を修了していた。チェコでは初等前教員の77％がISCEDレベル6を修了していない。これは、データが得られたOECD加盟国のなかで最多の比率であった。他の国で、少なくとも教員の4人に1人がこの教育レベルに達していないのは、ブラジル、エストニア、フィンランド、スロベニア、スウェーデンである。対照的に、ポーランドとポルトガルでは初等前教員の88％が少なくとも修士課程あるいは博士課程かこれらと同等の課程（ISCEDレベル7または8）を修了している。アメリカではこのレベルの教育を修了しているのは初等前教員の51％である。

　これらのデータが示すのは、初等前の教員の初期養成期間は、OECD加盟国の間で大きな幅があるということである（OECD, 2018 [19]）。

　資格要件は、幼い子どもに関わって働くためにどんな知識と技能が重要だと認識されているかを示している。質の高いサービスを提供するために特に重要だと確認された能力（competencies）を次に挙げておく。

- 子どもの発達と学習についてよく理解していること
- 子どもの物の見方を発達させることのできる能力
- 子どもに対し、ほめ、心地よくさせ、質問し、応答する能力
- リーダーシップのスキル、問題解決能力、目標を定めた課業（授業）案の作成能力
- 十分な語彙力と子どもの考えを引き出す能力

高い資格をもったスタッフほど、刺激の多い環境を創ることができ、また適切な教育実践法を活用できるので、子どものウェルビーイングと学びの成果を押し上げることができる（Litjens and Taguma, 2010 [27]；Early et al., 2007 [28]；Fontaine et al., 2006 [29]；Phillipsen et al., 1997 [30]）。ただし、

第2章

子どもの成果への影響力があるのは資格そのものではなく、「より良い資格をもつスタッフが備えている、質の高い教育環境を創る能力」が違いを生むのである（Elliott, 2006 [31]；Sheridan et al., 2009 [32]）。豊かで刺激の多い環境と質の高い教育実践は、より高い資格をもったスタッフによって生み出されていること、また質の良い教育実践ほど望ましい学習成果に子どもたちを導くことへの確かなエビデンスがある（Litjens and Taguma, 2010 [27]）。「スタッフの質」についての主要な指標となるのは、スタッフの「子どもたちに関わる際の相互作用や子ども同士の相互作用を刺激するやり方」、また誘導しモデルを示し発問するなどの「足場かけの方略」（scaffolding strategies）である。専門性のより高いスタッフの存在は、安定的で感受性に富み、刺激に満ちた相互作用につながっている（Shonkoff and Phillips, 2000 [33]）。スタッフの質をみる他の指標には、スタッフの「教育内容（カリキュラム）についての知識」や「多領域にわたる学習環境を創る能力」などが含まれる。

　しかし、すべての研究が、「ECECプログラムのスタッフの資格が高いほど教育実践の質が高くなり、ひいては子どもの良い成果を導く」といった一般的な結論を支持しているわけではない。アーリーら（Early et al., 2007[28]）は、「教員の質は複雑な問題だ」と強調し、「スタッフの教育レベル」と「クラスの質」あるいは「学びの成果」との間に単純な関係はない、としている。アーリーらは、「子どもの成果」と「スタッフの資格」の関係を研究し、両者の間に関連性はない、あるいは矛盾する場合もある、との結論を出している。

　乳幼児期の教育の効果を改善するには、広範囲な職能開発事業およびスタッフと子どもの相互作用へのサポートが必要である。乳幼児期の教育プログラムにおける教育実践を改善するひとつの方法は、子どもとのコミュニケーションや相互作用を行うスタッフの能力を、「共に深めながら持続させていくやり方」で強化することである（Sheridan et al., 2009 [32]）。また、すべてのスタッフが高いレベルの教育を受けている必要のないことも研究からわかっている。高い資格をもつスタッフは、そうでない同僚たちにプラスの影響を与えることができる。「就学前教育の効果的整備」（Effective Provision of Pre-School Education, EPPE）研究によると、低い資格のスタッフが高度な養成を受けた同僚とともに働くと、その行動は好ましい影響を受けることがわかっている（Sammons, 2010 [34]）。

　大半の国で、ECEC部門で働くスタッフの資格は広範囲にわたる。幼稚園／プリスクールの教員は、一般に、チャイルドケア施設や家庭的保育のスタッフよりも初期養成の要件が高い。一方、すべてのECEC労働者の資格が一元化している国もある。幼稚園／プリスクールの教員の初期養成は、しばしば小学校教員の養成に統合されており、それは（初等前から小学校への）スムーズな移行の確保に役立っている。職能開発の機会は、幼稚園／プリスクールのスタッフのほうがチャイルドケア施設のスタッフより多く、家庭的保育者の研修の機会はごく限られている。職能開発は次のことに焦点を当てる傾向がある。ペダゴジー（教育実践学）や教え方の実習、カリキュラムの実施について、言語と教

科関連事項、モニタリングとアセスメント、コミュニケーションとマネジメント（OECD, 2011 [11]）。

しかし、就職前の養成の質がいかに高かろうが、初期養成だけでは、教員たちがその職歴を通じて直面するすべての困難に対応することはできない。（養成課程で学ぶ）学生の人口動態の変化、大半の教員の職歴の長さ、さらに知識と能力のアップデートの必要性を考えると、初期養成は教員のこれからも続く職能開発の出発点でしかない。また最近の研究からは、初等前の教育では、「プロセスの質についての専門的な職場研修」のほうが、初期養成よりも効果が大きく、特に研修が（スタッフ間の）協働的な仕事、遊びのサポート、初歩の読み書き・数・科学をいかにサポートするかなどに関してなされる場合に、効果がより大きくなることが明らかになっている（Assel et al., 2006 [35]；de Haan et al., 2013 [36]）。

現職（継続）教育と研修は、「勤務中」に行われるか、あるいは研修機関や大学のような外部のリソースから提供されている。これはたとえば、スタッフ・ミーティング、ワークショップ、カンファレンス、テーマを決めた研修、現場からの相談にもとづく研修、スーパーバイズのある実践、メンタリングなどである。職能開発が効果的であるための鍵は、ECECの実践者のニーズにぴったり合う研修の戦略を定めることと、それによって実践者が科学的根拠に基づく教育方法とカリキュラムについての知識を常にアップデートでき、学んだ知識を仕事に応用できるよう支援することにある（Litjens and Taguma, 2010 [27]）。このタイプの研修は長期間継続されるべきで、スタッフは長期的展望に立っているかあるいは定期的な研修の機会をもつべきである（Sheridan, 2001 [37]）。学習経験が、個々のスタッフのニーズに合致しているときに初めて、職能開発は好ましい成果をもたらす（Mitchell and Cubey, 2003 [38]）。

現場ベースの相談活動もまた効果が期待できる。それは、ECECのスタッフが自分の実践についてフィードバックを受けることが可能だからである。学位はもっていなくても適切な専門ワークショップを受講したことのある実践者は、そのようなワークショップに参加しない同僚よりも、質の高いケアを提供できることが明らかになっている（Burchinal et al., 2002 [21]）。しかし、一般的には、どんなかたちの職能開発が最も効果的かについては明確でない。そのひとつの理由は、スタッフのニーズも研修の背景もさまざまに異なるからである。効果的な研修はこのような多様なニーズにも取り組むべきである（Elliott, 2006 [31]）。

十分な研修を受けたECECのスタッフが職場にいるのは有益だというエビデンスがあるにもかかわらず、政府はスタッフの資格を上げることに伴う財政面の負担を恐れる。スタッフの資格が高くなるほど高い報酬への要求が生まれ、それはサービスのコストに大きく響くからである。研修と資格の改善がECECサービスの質を上げることについてのエビデンスは確かだが、政府は、資格向上にも研修にも投資しない選択をすることがある（OECD, 2006 [26]）。これはECECの質に影響し、子どもの発

達の成果にも影響するだろう。なぜなら、スタッフは乳幼児期の学びと発達を刺激するための最適な訓練を受けていないからである。

第2章

労働編制とスタッフの資格を「質の推進力」として使う

　政策立案者たちはECECへの出費についての複雑な意思決定場面に直面する。彼らは「構造面の投資」と「スタッフと子どもの相互作用の質向上のための投資」の間でトレードオフを考えなければならない。情報に基づく決定を下すために、政策立案者は、複数の政策オプションがその状況あるいは所管行政当局（国や自治体）にとって適用可能かどうかを検討できるよう、エビデンスに依拠したコンサルテーションを行う必要がある。以下では、労働編制とスタッフの資格が、構造的な質およびプロセスの質にどう影響するかについての研究の知見を要約する。この情報はOECDの「規制を超える質」プロジェクトの一部として準備された報告書 *Engaging Young Children*（幼い子どもに関わる）（OECD, 2018 [3]）から引用されている。

子どもとスタッフの相互作用の質

　「規制を超える質」プロジェクトのために行われたメタ分析は、「スタッフと子どもの相互作用の質」と「子どもの読み書き・数の学習」の間に一貫してプラスの関連があることを示している（表2.1）（von Suchodoletz et al., 2017[39]）。この関連は、「スタッフと子どもの相互作用」の全体的な指標（パネルA）を考案したときにも、またスタッフの子どもとの情緒面・教育活動面・組織面での相互作用を結合したスコアを出した場合（パネルB）にもみられた。

　なおその逆に、「スタッフと子どもの相互作用の質」と、「スタッフと子ども間の相互作用の全体的な指標」を使ったときの子どもの行動的／社会的スキルの間には関連はみられなかった（von Suchodoletz et al., 2017 [39]）。

発達的で教育的な活動に触れる機会

　「規制を超える質」プロジェクトのために行われたメタ分析はまた、「スタッフによる子どもの発達を促す教育活動の実施」および「労働力のプロセスの質の指標」と、「子どものごく初期の学業的なスキル」の間の関連性も検討した（表2.2）。その結果、スタッフが提供する発達を促す教育活動の質が高いかその機会が多いECEC施設ほど、子どものごく初期の読み書きと数のスキルのレベルがわずかだが高く、行動面のスキルと社会的なスキルも優れていた（OECD, 2018 [3]）。

表2.1

スタッフとの相互作用が肯定的なほど、子どもの小学校入門期の
学業スキルのレベルが高い

パネルA　スタッフと子どもの相互作用の全体的なスコア

	効果量	信頼区間	
		下限	上限
アメリカ：Burchinal et al. (2014)	0.230	0.157	0.300
アメリカ：Vandell et al. (2010)	0.230	0.169	0.289
アメリカ：McGinty et al. (2012)	0.150	0.050	0.247
ドイツ：Anders et al. (2012)	0.140	0.056	0.222
ドイツ：Richter et al. (2016)	0.125	-0.003	0.249
アメリカ：Buckrop et al. (2016)	0.120	0.057	0.182
アメリカ：Chang et al. (2007)	0.110	0.004	0.213
ポルトガル：Abreu-Lima (2013)	0.090	-0.044	0.221
アメリカ：Coley et al. (2016)	-0.020	-0.050	0.010
アメリカ：Howes et al. (2008)	-0.030	-0.071	0.011
複合スコア（より厳格に算出）	0.052	0.033	0.070
複合スコア	0.113	0.041	0.183

パネルB　スタッフと子どもの情緒面・教育活動面・組織面の相互作用を組み合わせたスコア

	効果量	信頼区間	
		下限	上限
アメリカ：Burchinal et al. (2014)	0.230	0.157	0.300
アメリカ：Vandell et al. (2010)	0.230	0.169	0.289
アメリカ：McGinty et al. (2012)	0.150	0.050	0.247
アメリカ：Burchinal et al. (2010)	0.082	0.023	0.139
アメリカ：Buckrop et al. (2016)	0.080	0.017	0.143
アメリカ：Burchinal et al. (2011)	0.070	-0.036	0.174
アメリカ：Chang et al. (2007)	0.050	-0.056	0.155
アメリカ：Guo et al. (2010)	0.048	-0.060	0.156
アメリカ：Howes et al. (2008)	0.018	-0.023	0.059
オーストラリア：Niklas et al. (2016)	0.018	-0.088	0.123
アメリカ：Burchinal et al. (2014)	-0.082	-0.149	-0.015
複合スコア（より厳格に算出）	0.031	0.007	0.055

注：図の網掛けの部分は、スタッフと子どもの相互作用と子どもの初期の学業スキルがプラスの関係にあることを示す。網掛けのない部分はマイナスの関係である。濃い網掛け部分は信頼区間を考慮したうえでも相互作用がプラスあるいはマイナスだった部分である。上限および下限のスコアは、各推定量に対する信頼区間95％を示す。
出典：von Suchodoletz, A. et al. (2017), "Associations among quality indicators in early childhood education and care (ECEC) and relations with child development and learning: A meta-analysis", internal document, OECD, Paris.

表2.2

発達的で教育的な活動に多く参加した子どもほど、高いレベルのスキルを示す

パネルA　子どもの入門期の学業スキル

	効果量	信頼区間	
		下限	上限
ドイツ：Anders et al. (2012)	0.130	0.045	0.213
アメリカ：McGinty et al. (2012)	0.035	-0.066	0.135
アメリカ：Howes et al. (2008)	0.020	-0.021	0.061
アメリカ：Coley et al. (2016)	0.016	-0.014	0.046
ポルトガル：Abreu-Lima (2013)	0.000	-0.134	0.134
チリ：Strasser et al. (2009)	-0.020	-0.194	0.155
複合スコア（より厳格に算出）	0.025	0.003	0.047
複合スコア	0.030	-0.001	0.061

パネルB　子どもの行動と社会的スキルを複合したスコア

	効果量	信頼区間	
		下限	上限
ドイツ：Anders et al. (2012)	0.110	0.025	0.193
ポルトガル：Abreu-Lima (2013)	0.090	-0.044	0.221
アメリカ：Coley et al. (2016)	0.023	-0.007	0.053
複合スコア（より厳格に算出）	0.035	0.007	0.063

注：図の網掛けの部分は、発達的および教育的活動への接触と子どものスキルがプラスの関係にあることを示す。網掛けのない部分はマイナスの関係である。濃い網掛け部分は、信頼区間を考慮したうえでも交互作用がプラスあるいはマイナスだった部分である。上限および下限のスコアは、各推定量に対する信頼区間95％を示す。
出典：von Suchodoletz, A. et al. (2017), "Associations among quality indicators in early childhood education and care (ECEC) and relations with child development and learning: A meta-analysis", internal document, OECD. Paris.

子どもとスタッフの人数比

　どのタイプの施設でも、またECECのどの年齢グループでも、「子どもとスタッフの人数比が小さいこと」は、スタッフと子どもの肯定的な関係を強めることが見出された。中国、ポルトガル、アメリカを含む個々の国についての多数の研究、またヨーロッパと北アメリカ17か国の研究のメタ分析では、3～5歳児の施設で、スタッフ一人当たりの子どもの数が少ないほど、プロセスの質が高いという傾向が示唆されている。　この関連はどこでもみられるわけではないが、否定的な影響を示すエビデンスもまた存在しない。

　0～3歳児では、子ども対スタッフの人数比の低さが、子ども同士の肯定的な相互作用の多さに関連することが、ベルギー・フラマン語圏、オランダ、ポルトガル、アメリカの研究でみられた。これらの知見は、家庭的保育よりも施設型保育での場合のほうがいっそう明らかであった。それは通常、

家庭的保育のほうが集団の規模がもともとずっと小さいからである（OECD, 2018 [3]）。

集団の規模

　より幼い子どもの施設では、集団の人数が少ないほどスタッフと子どもの相互作用が増えることを支持するエビデンスがいくつかある。0～2歳児を対象とするサービスをみると、集団の規模と子どもとスタッフの人数比の両方とも、スタッフと子どもの相互作用の質に影響することが見出されている。ただし関連を見出さない研究も少数ながら存在する。これらの知見は、家庭的保育よりも施設型保育のほうがよりはっきりと出ていた。前述のように家庭的保育のほうがもともとの集団規模がずっと小さいからである。もっと年長の集団では、エビデンスは二つの方向で見出され、小さい集団であることがはっきりした恩恵をもたらすとは限らないことがわかる。本報告書で利用可能な、集団の大きさと子どもの発達の間の潜在的な直接のつながりについての研究結果は存在しなかった（Barros et al., 2016 [40]；Hulpia et al., 2016 [41]；OECD, 2018 [3]）。

「質の指標」の相互の関係

　「子どもとスタッフの人数比」と「プリスクールでの子どもの読みの前段階（pre-reading）の得点」との関連を示すエビデンスがアメリカの研究にある（Bigras, Lemay and Tremblay, 2012 [42]；Cardon et al., 2008 [43]；Howes, 1997 [44]）。しかし、「子どもとスタッフの人数比」と「子どもの発達と学び」の間の直接のつながりを示すしっかりしたエビデンスはどの年齢集団の場合にも存在しない。暫定的な結果から示唆されるのは、関係性を動かすこれらの複数の構造的指標は、直線的には結びついていないということである。たとえば、「小さなグループの人数（＝人数比）を減らすこと」の効果は、「大集団の人数（＝集団の規模）を減らすこと」の効果とは別物なのである（Bowne et al., 2017 [45]）。

　先行研究のレビューでは、年齢グループを超えた、複合的なパターンの関連性が指摘されている。また、「子どもとスタッフの人数比」が低いことと、「入門期の学業的なスキル」（すなわち初歩の読み書きと数）の間には関係がなかった（OECD, 2018 [3]）。しかし、「人数比」から「スタッフと子どもの相互作用」を通って「子どもの発達」に至る間接的な影響の道筋を示す予備的なエビデンスがいくつか存在する。ただ、この関連性は弱く、さらなる検証が必要である（NICHD Early Child Care Research Network, 2002 [46]）。

　2～3の研究からは、「組織の雰囲気」と質の間の関係のほうが、クラスの他の特質、たとえば「子どもとスタッフの人数比」（Biersteker et al., 2016 [47]；Dennis and O' Connor, 2013 [48]）や「資格や労働経験を含むスタッフの特質」（Biersteker et al., 2016 [47]）（と質との関係）よりも、ずっと強いことが見出された。しかし、「組織の雰囲気」自体もまた施設の他の特質とつながっているのである

（Ho, Lee and Teng, 2016 [49]）。

初期養成

　全体的にみれば、スタッフの初期養成の資格レベルが高いほど、子どもとの相互作用が良いことが、ドイツ、デンマーク、ポルトガル、アメリカの研究でわかっている。ECEC（家庭的保育であれ、施設型保育であれ）のどの年齢グループでも、スタッフが高いレベルの初期養成を受けている場合ほど、また特にその養成プログラムに「乳幼児期の教育とケア」に特化した内容が含まれているほど、スタッフの（子どもとの）相互作用が、情緒面・教育面・組織面いずれでも、より高水準で関連することが明らかになっている。初期養成はとりわけ、子どもを情緒面で支える相互作用や、より教育的・発達支援的な相互作用を強化することがわかっている（OECD, 2018 [3]）。

　0〜2歳の子どもについても、初期養成での資格と、スタッフと子どもの相互作用の間に強い関連があるというエビデンスが、ケベック州（カナダ）、ベルギー・フラマン語圏、オランダ、ポルトガル、アメリカで示されている（Barros et al., 2016 [40]；Bigras et al., 2010 [50]；Castle et al., 2016 [51]；Hulpia et al., 2016 [41]；King et al., 2016 [52]；Slot et al., 2015 [53]；Thomason and La Paro, 2009 [54]；Vogel et al., 2015 [55]；Vogel et al., 2015 [56]）。

　しかし、エビデンスの示すところでは、「初期養成の資格」と「3〜5歳の子どもの学びと発達」の間の直接の結びつきは、弱いか、もしくは、明瞭ではない（von Suchodoletz et al., 2017 [39]）。たとえば、「スタッフのより高い資格」と、「子どものごく初期の学業的なスキル」、あるいは「行動的/社会的なスキル」との関連は、見出されていない（Early et al., 2006 [57]；Mashburn et al., 2008 [5]）。

家庭的保育の許認可

　家庭的保育について利用可能なエビデンスは限られているものの、それらが示唆するのは、初期養成段階でより高い資格を得ている認可事業者ほど、最年少の子どもたち（3歳未満児）に多様な学びの経験と活動を提供していることである。アメリカとベルギー・フラマン語圏での事例では、そうした事業者たちは、初期養成段階での資格レベルの低い家庭的保育事業者よりも、活動への関与と指導がより肯定的であった（Colwell et al., 2013 [58]；Doherty et al., 2006 [59]；Raikes, Raikes and Wilcox, 2005 [60]；Schaack, Le and Setodji, 2017 [61]）（Hulpia et al., 2016 [41]；Vandenbroeck et al., 2018 [62]）。しかし、「家庭的保育の事業者の初期養成レベル」と「子どもの発達」との直接のつながりに関するエビデンスは見出されていない。

現職研修

　中国、デンマーク、ポルトガル、アメリカを含む多様な国々で、「現職研修」（あるいは職能開発）

は、「スタッフと子どもの相互作用」に常にプラスに結びついていた。それは調査対象になったあらゆる施設で、またすべての年齢グループで言えることだった（Fukkink and Lont, 2007 [63]；Hamre et al., 2012 [64]；Justice et al., 2008 [65]；LoCassale-Crouch et al., 2011 [66]；Slot et al., 2018 [67]；Slot, Lerkkanen and Leseman, 2015 [68]；Zaslow et al., 2010 [69]）。また、このことはとりわけ、研修が乳幼児期の教育とケアに関する内容（たとえばスタッフと子どもの相互作用について）を取り上げている場合に当てはまった（Siraj-Blatchford et al., 2005 [70]；Zaslow et al., 2004 [71]）。現職研修に参加したスタッフは、話し言葉と読み書きに特化した質に関する項目で、コンスタントに高いスコアを記録している（Egert, 2015 [72]）。しかし、「ECECの全般的な質」あるいは「スタッフと子どもの相互作用」に現職研修が直接つながるかどうかのエビデンスは一律ではない。

また、「現職研修」と「子どもの発達と学び」の間にプラスの関連があり、特に「子どもの話し言葉と読み（書き）のスキル」との関連は強いということについては、どの年齢層でも一貫したエビデンスがある。0〜3歳児の場合、利用可能な研究の数はずっと少ないが、この傾向はおおむね一貫している（OECD, 2018 [3]）。

スタッフの実践および子どもとの関わり方

ECEC施設にいる子どもたちは、「スタッフとの相互作用が良い」ほど、あるいは「スタッフの提供する発達的で教育的な活動の質が高いかその機会が多い」ほど、「入門期の読み書きと数のスキル」のレベルが高く、また「行動的スキルと社会的スキル」も優れていた（von Suchodoletz et al., 2017[39]）。

質の高い教育的で発達的な活動を含む「スタッフの子どもとの相互作用」は、「スタッフのウェルビーイング、給与、また施設の組織面の雰囲気」との間に、プラスの関連があった。組織の雰囲気の質が高いほど、スタッフが、「リーダーシップの発揮に自律性とサポートを享受できている」と思え、「同僚との意見交換がよくできる」「カリキュラムについての意思決定に参加する機会がある」と報告できるような環境が含まれる（OECD, 2018 [3]）。

以上のような構造上の側面を含めた研究の数は比較的少なく、また、「スタッフの労働経験」の効果を示すエビデンスも調査から見出されていない（von Suchodoletz et al., 2017 [39]）。しかしながら、そのなかで浮かび上がるエビデンスは、「十分なウェルビーイング」（仕事の満足度、抑うつ症状がないこと）「高い給与」「チームの協働」があるとスタッフが報告した施設ほど、どの年齢グループでも、「スタッフと子どもの相互作用」が良いことを示している（OECD, 2018 [3]）。

ECEC部門、特に最も幼い子どもたち（3歳未満児）の部門では、多くの国がスタッフ不足・高い離職率・低い地位にあえいでいる（Moon and Burbank, 2004 [23]）。保育要員がたびたび入れ替わると、子どもたちとの安定した関係を作りにくく、また丁寧な世話や豊かな刺激のある相互作用の頻度

も減ってしまう（Canadian Council on Learning, 2006 [73]）。相互作用の質をめぐって政策担当者が関心を寄せるべきなのは、したがって、子どもの学びの経験とスタッフの仕事の満足度に最良の利益をもたらすような、労働条件の改善をはかることであろう。

　OECD報告書のレビュー研究である *Engaging Young Children: Lessons from Research about Quality in Early Childhood Education and Care*（幼い子どもに関わる：ECECの質に関する研究からの教訓）（OECD, 2018 [3]）は、スタッフの労働条件と子どもの発達の関係の検証を行っていないが、それは、このような関連についての研究が、広範に行われてもいないし、結論が出ているわけでもないからである。子どもとスタッフの人数比、スタッフの資格、施設の質とタイプの間の相互関係は複雑である。たとえば、人数比は、スタッフの労働条件、子どもの学習・ウェルビーイングの環境と関係している。このことは、プロセスの質に対する労働条件の、ある特定の側面の効果を抽出することを難しくしている（Sammons, 2010 [34]）。

子どもを分別すること

　ECECの対象を恵まれないグループに絞ることは、サービスを最も必要とする人々に確実に届けるための費用対効果の高い方法のようにみえるかもしれない。しかし、質に関して配慮すべきことがある。*Engaging Young Children: Lessons from Research about Quality in Early Childhood Education and Care*（OECD, 2018 [3]）の研究レビューによれば、プレイルームや教室で、移民やバイリンガルの子どもの比率が高いほど、グループ構成が（人口構成に対して）バランスがとれている場合やさまざまな子どもたちが混在しているクラスの場合よりも、「スタッフと子どもの相互作用の質」が低いことが、デンマーク、ドイツ、アメリカの調査から示唆されている。

　移民やバイリンガルの子どもの比率が高い教室では、子どもの話し言葉と読み書きのスキルの得点が低くなる傾向がある。このエビデンスは、3〜5歳児の施設のほうが年少児のいる施設よりも一貫していた。その理由は、いくつかの国では、「質の高いサービス対象」が最年少児に絞られていることとも関係しているかもしれない。また、「移民やバイリンガルの子どもの比率」と「子どもとスタッフの相互作用の質」の間の負の関係は、家庭的保育でも同じく観察された（OECD, 2018 [3]）。

　ある予備的エビデンスによると、こうした負の関係の主な理由は、子どもの情緒面へのスタッフの支援もクラスの望ましい組織化も、低いレベルにとどまっているためだと分析されている（Slot et al., 2018[67]）。しかし、「スタッフと子どもの相互作用」と「子どもの発達と学び」の関係について、「圧倒的に不利な環境の子どもたちのグループ」を「混在グループの子どもたち」と比較しても、両者の間に決定的な差異があるわけてはなかった。

モニタリングのシステム

アメリカでは、「質の評定および改善システム」（quality rating and improvement systems, QRIS）のあることが、「スタッフと子どもの相互作用」のレベルアップにつながることが施設型保育のどの年齢層でもわかっている（Jeon, Buettner and Hur, 2014 [74]）。しかし家庭的保育の場合は、スタッフと子どもの相互作用とQRISのつながりは明確ではない（Lahti et al., 2015 [75]；Lipscomb et al., 2017 [76]）。エビデンスがあるところでは、モニタリングのシステムとスタッフの実践の間に良好なフィードバックの循環があると、それが子どもの言語的発達にもつながっていることが指摘されている（OECD, 2015 [9]）。したがって、政策の主要な努力目標は、施設でのスタッフと子どもの相互作用についての情報をアカウンタビリティ（説明責任）のためだけに収集するのではなく、質の改善のための情報としても活用することに向けられるべきだろう。

ECEC施設を学校のなかに置くこと

フィンランド、ポルトガル、アメリカでは、初等前教育施設の物理的な位置もまた、プロセスの質に関係しているようである。学校のなかに置かれた初等前教育施設は、学校の敷地外にある初等前教育機関もしくは独立施設のなかにある初等前教育施設と比べて、スタッフと子どもの関係の質が高いことが明らかになっている（Pianta et al., 2005 [77]；Slot, 2017 [7]；Slot, Lerkkanen and Leseman, 2015 [68]）。学校のなかにある初等前クラスで働くスタッフは、独立施設のなかで働いているスタッフよりも、学歴が高く、給与が高く、強い教育志向をみせている、とのエビデンスもある（Clifford et al., 2005 [78]；Pianta et al., 2005 [77]）。

結　論

政策立案者は、「構造面への投資」と「ECECのスタッフと子どもの相互作用の質向上への投資」の間でトレードオフを行わざるをえない。しかし、この分野での基盤となるエビデンスはまだ限られていて、その範囲も狭いことが多い。ECEC施設の構造的な特質についての研究は、構造の特質のいわゆる「鉄のトライアングル」（子どもとスタッフの人数比、グループの規模、教員の初期養成資格の3者）に関するテーマが支配的である（Slot, 2017 [7]）。現在までのところ、構造的特質とプロセスの質の関係についての調査研究の大多数は、プロセスの質のひとつの指標、すなわち「教員と子どもの相互作用の質」にしか焦点を合わせていない。プロセスの質の他の側面、たとえば「子ども同士の相互作用」をほとんどの場合、調査研究はみすごしている。本章では、労働の編制とスタッフの資格が、構造およびプロセスの質を向上させるのにどう役立つのか、に関する多くの研究的知見を、以下のように確認し、結論づける。

- 「子どもとスタッフの人数比が小さいこと」は、それだけではより良い子どもの発達を保障しないが、どの年齢層でも「スタッフと子どものより肯定的な関係」とは関連している。

- 「グループの人数」は「スタッフと子どもの相互作用」にとって重要であるが、この関連性は3〜5歳児との場合よりも、最年少児との相互作用の場合でのほうが大きい。

- 質の指標同士の関係、たとえば「子どもとスタッフの人数比」「グループの人数」「組織の雰囲気」「スタッフと子どもの相互作用の質」「子どもの発達と学び」といったことのうちの二者関係は、間接的である可能性がある。

- 「乳幼児期の教育とケアの内容に焦点化した初期養成」は、子どもへのスタッフの情緒的・教育的・発達的サポートと関連している。また最年少（3歳未満）の子どもたちのもとで働くときに、いっそう強い関係がみられる。これに対して、「子どもたちの学びの成果とスタッフの初期養成の関係」について、決定的なエビデンスは出ていない。

- 「家庭的保育の許認可」は、初期養成による資格とともに規制されれば、「子どもとのよりよい相互作用」を確保するツールとなりうる。

- 「乳幼児期の教育とケアに特化した内容を含む現職研修」は、「スタッフと子どものよりよい相互作用」に結びつき、またすべての年齢層で、子どものよりよい発達と学習、特に読み書きスキルに結びつく。

- 「良質の発達支援活動におけるスタッフの子どもへの関わり」は、「チームの協働」と、「スタッフの労働条件とウェルビーイングの改善」から得られる恩恵にかかっている。

- 恵まれない環境の子ども、移民の子ども、またはバイリンガルの子どもたちを分離して収容するクラスやプレイルームを設けることは、不平等で質の乏しいECECへのリスクとつながる。

- モニタリングのシステムは、それが質の向上のための情報提供に活用されるならば、すべてのECEC施設において、子どもの発達と学びへの大きなサポートとなる。

- ECEC施設を学校のなかに置くことで、スタッフ要員の子どもとの関係の取り方のちがいにつながる。

参考文献・資料

Assel, M. et al. (2006), "An evaluation of curriculum, setting, and mentoring on the performance of children enrolled in prekindergarten", *Reading and Writing*, Vol. 20/5, pp. 463-494, http://dx.doi.org/10.1007/s11145-006-9039-5. [35]

Barros, S. et al. (2016), "Infant child care in Portugal: Associations with structural characteristics", *Early Childhood Research Quarterly*, Vol. 37/1, pp. 118-130, http://dx.doi.org/10.1016/j.ecresq.2016.05.003. [40]

Biersteker, L. et al. (2016), "Center-based early childhood care and education program quality: A South- African study", *Early Childhood Research Quarterly*, Vol. 36, pp. 334-344, http://dx.doi.org/10.1016/j.ecresq.2016.01.004. [47]

Bigras, N. et al. (2010), "A comparative study of structural and process quality in center-based and family-based child care services", *Child Youth Care Forum*, Vol. 39/3, pp. 129-150, http://dx.doi.org/10.1007/s10566-009-9088-4. [50]

Bigras, N., L. Lemay and M. Tremblay (2012), *Petite enfance, services de garde éducatifs et développement des enfants* : état des connaissances., Presses de l'Université du Québec, Montréal. [42]

Bowne, J. et al. (2017), "A meta-analysis of class size and ratios in early childhood programs: Are thresholds of quality associated with greater impacts on cognitive, achievement, and socioemotional outcomes?", *Educational Evaluation and Policy Analysis*, advanced online publication, http://dx.doi.org/10.3102/0162373716689489. [45]

Bradbury, B. et al. (2011), "Inequality during the Early Years: Child Outcomes and Readiness to Learn in Australia, Canada, United Kingdom, and United States", http://ftp.iza.org/dp6120.pdf(accessed on 15 February 2018). [14]

Britto, P., H. Yoshikawa and K. Boller (2011), "Quality of early childhood development programs and policies in global contexts: Rationale for investment, conceptual framework and implications for equity", *Social Policy Report*, Vol. 25/2, pp. 1-31. [1]

Burchinal, M. et al. (2002), "Caregiver training and classroom quality in child care centers", *Applied Developmental Science*, Vol. 6/1, pp. 2-11, http://dx.doi.org/10.1207/S1532480XADS0601_01. [21]

Canadian Council on Learning (2006), "Why is High-Quality Child Care Essential? The Link between Quality Child Care and Early Learning", *Lessons in Learning*. [73]

Cardon, G. et al. (2008), "The contribution of preschool playground factors in explaining children's physical activity during recess", *International Journal of Behavioral Nutrition and Physical Activity*, Vol. 5/1, p. 11, http://dx.doi.org/10.1186/1479-5868-5-11. [43]

Castle, S. et al. (2016), "Teacher-child interactions in early Head Start classrooms: Associations with teacher characteristics", *Early Education and Development*, Vol. 27/2, pp. 259-274, http://dx.doi.org/10.1080/10409289.2016.1102017. [51]

Clarke-Stewart, K. et al. (2002), "Do regulable features of child-care homes affect children's development?", *Early Childhood Research Quarterly*, Vol. 17/1, pp. 52-86, http://dx.doi.org/10.1016/s0885-2006 (02) 00133-3. [20]

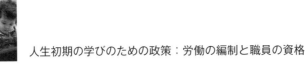

Clifford, R. et al. (2005), "What is pre-kindergarten? Characteristics of public pre-kindergarten programs", *Applied Developmental Science*, Vol. 9/3, pp. 126-143, http://dx.doi.org/10.1207/s1532480xads0903_1. [78]

Colwell, N. et al. (2013), "New evidence on the validity of the Arnett Caregiver Interaction Scale: Results from the early childhood longitudinal study-birth cohort", *Early Childhood Research Quarterly*, Vol. 28/2, pp. 218-233, http://dx.doi.org/10.1016/j.ecresq.2012.12.004. [58]

de Haan, A. et al. (2013), "Targeted versus mixed preschools and kindergartens: Effects of class composition and teachermanaged activities on disadvanged children's emergent academic skills", *School Effectiveness and School Improvement: An International Journal of Research, Policy and Practice*, Vol. 24/2, pp. 177-194, http://dx.doi.org/10.1080/09243453.2012.749792. [36]

de Schipper, E., J. Riksen-Walraven and S. Geurts (2007), "Multiple determinants of caregiver behavior in child care centers", *Early Childhood Research Quarterly*, Vol. 22/3, pp. 312-326, http://dx.doi.org/10.1016/j.ecresq.2007.04.004. [17]

Dennis, S. and E. O'Connor (2013), "Reexamining Quality in Early Childhood Education: Exploring the Relationship Between the Organizational Climate and the Classroom", *Journal of Research in Childhood Education*, Vol. 27/1, pp. 74-92, http://dx.doi.org/10.1080/02568543.2012.739589. [48]

Doherty, G. et al. (2006), "Predictors of quality in family child care", *Early Childhood Research Quarterly*, Vol. 21/3, pp. 296-312, http://dx.doi.org/10.1016/j.ecresq.2006.07.006. [59]

Early, D. et al. (2006), "Are teachers' education, major, and credentials related to classroom quality and children's academic gains in pre-kindergarten?", *Early Childhood Research Quarterly*, Vol. 21/2, pp. 174-195, http://dx.doi.org/10.1016/j.ecresq.2006.04.004. [57]

Early, D. et al. (2007), "Teachers' education, classroom quality, and young children's academic skills: Results from seven studies of preschool programs", *Child Development*, Vol. 78/2, pp. 558-580, http://dx.doi.org/ 10.1111/j.1467-8624.2007.01014.x. [28]

Egert, F. (2015), *Meta-analysis on the impact of in-service professionals development programs for preschool teachers on quality ratings and child outcomes*, doctoral dissertation, Bamberg, Germany. [72]

Elliott, A. (2006), "Early Childhood Education: Pathways to quality and equity for all children", *Australian Education Review*, Vol. 50. [31]

Feinstein, L. (2003), "Inequality in the early cognitive development of British children in the 1970 cohort", *Economica*, Vol. 70/277, pp. 73-97, http://dx.doi.org/10.1111/1468-0335.t01-1-00272. [15]

Fontaine, N. et al. (2006), "Increasing quality in early care and learning environments", *Early Child Development and Care*, Vol. 176/2, pp. 157-169, http://dx.doi.org/10.1080/0300443042000302690. [29]

Fukkink, R. and A. Lont (2007), "Does training matter? A meta-analysis and review of caregiver training studies", *Early Childhood Research Quarterly*, Vol. 22, pp. 294-311, http://dx.doi.org/10.1016/j.ecresq.2007.04.005. [63]

Hamre, B. et al. (2014), *Classroom Assessment Scoring System (CLASS) manual*, Paul H. Brookes Publishing Co. [4]

Hamre, B. et al. (2012), "A course on effective teacher-child interactions: Effects on teacher beliefs, [64] knowledge, and observed practice", *American Educational Research Journal*, Vol. 49/1, pp. 88-123, http://dx.doi.org/10.3102/0002831211434596.

Ho, D., M. Lee and Y. Teng (2016), "Size matters: The link between staff size and perceived organizational support in early childhood education", *International Journal of Educational Management*, Vol. 30/6, pp. 1104-1122, http://dx.doi.org/10.1108/IJEM-09-2015-0125. [49]

Howes, C. (1997), "Children's experiences in center-based child care as a function of teacher background and adult:child ratio.", *Merrill-Palmer Quarterly*, Vol. 43, pp. 404-425. [44]

Howes, C. et al. (2008), "Ready to learn? Children's pre-academic achievement in pre-Kindergarten programs", *Early Childhood Research Quarterly*, Vol. 23/1, pp. 27-50, http://dx.doi.org/10.1016/j.ecresq.2007.05.002. [2]

Hulpia, H. et al. (2016), *MeMoQ Deelrapport 10. Emotionele en educatieve ondersteuning in de nulmeting*, Kind en Gezin, Ugent, KU Leuven. [41]

Huntsman, L. (2008), *Determinants of quality in child care: A review of the research evidence*, Centre for Parenting and Research, Ashfield, NSW, http://www.community.nsw.gov.au/__data/assets/pdf_file/0020/321617/research_qualitychildcare.pdf. [22]

Jeon, L., C. Buettner and E. Hur (2014), "Examining pre-school classroom quality in a statewide quality rating and improvement system", *Child & Youth Care Forum*, Vol. 43/4, pp. 469-487, http://dx.doi.org/10.1007/s10566-014-9248-z. [74]

Justice, L. et al. (2008), "Quality of language and literacy instruction in preschool classrooms serving at-risk pupils", *Early Childhood Research Quarterly*, Vol. 23/1, pp. 51-68, http://dx.doi.org/10.1016/j.ecresq.2007.09.004. [65]

King, E. et al. (2016), "Classroom quality in infant and toddler classrooms: impact of age and programme type", *Early Child Development and Care*, Vol. 186/11, pp. 1821-1835, http://dx.doi.org/10.1080/03004430.2015.1134521. [52]

Lahti, M. et al. (2015), "Approaches to validating child care quality rating and improvement systems (QRIS): Results from two states with similar QRIS type", *Early Childhood Research Quarterly*, Vol. 30, pp. 280-290, http://dx.doi.org/10.1016/j.ecresq.2014.04.005. [75]

Lipscomb, S. et al. (2017), *Oregon's quality rating improvement system (QRIS) validation study one: Associations with observed program quality*, Portland State University and Oregon State University. [76]

Litjens, I. and M. Taguma (2010), *Literature overview for the 7th meeting of the OECD network on early childhood education and care*, OECD, Paris. [27]

LoCassale-Crouch, J. et al. (2011), "Implementing an early childhood professional development course across 10 sites and 15 sections: Lessons learned", *NHSA Dialog: A Research-to-Practice Journal for the Early Childhood Field*, Vol. 14/4, pp. 275-292, http://dx.doi.org/10.1080/15240754.2011.617527. [66]

Manlove, E. and J. Guzell (1997), "Intention to Leave, Anticipated Reasons for Leaving, and 12-Month Turnover of Child Care Center Staff", *Early Childhood Research Quarterly*, Vol. 12, pp. 145-167, http://10.1016/S0885-2006 (97) 90010-7 (accessed on 2 February 2018). [25]

第2章

Mashburn, A. et al. (2008), "Measures of classroom quality in prekindergarten and children's development of academic, language, and social skills", *Child Development*, Vol. 79/3, pp. 732-749, http://dx.doi.org/10.1111/j.1467-8624.2008.01154.x.　　[5]

Mitchell, L. and P. Cubey (2003), *Characteristics of professional development linked to enhanced pedagogy and children's learning in early childhood settings*, NCER.　　[38]

Moon, J. and J. Burbank (2004), "The Early Childhood Education Career and Wage Ladder: A Model for Improving Quality in Early Learning and Care Programs", http://www.eoionline.org (accessed on 2 February 2018).　　[23]

Murnane, R. et al. (1990), "The effects of salaries and opportunity costs on length of stay in teaching: Evidence from North Carolina", *Journal of Human Resources*, Vol. 25/1, pp. 106-124, https://econpapers.repec.org/article/uwpjhriss/v_3a25_3ay_3a1990_3ai_3a1_3ap_3a106-124.htm (accessed on 2 February 2018).　　[24]

NICHD Early Child Care Research Network (2002), "Child-care structure → process → outcome: Direct and indirect effects of child-care quality on young children's development", *Psychological Science*, Vol. 13/3, pp. 199-206, http://dx.doi.org/10.1111/1467-9280.00438.　　[46]

OECD (2018), *Education at a Glance 2018: OECD Indicators*, OECD Publishing, Paris, https://dx.doi.org/10.1787/eag-2018-en.（『図表でみる教育OECDインディケータ（2018年版）』経済協力開発機構（OECD）編著、矢倉美登里ほか訳、明石書店、2018年）　　[19]

OECD (2018), *Engaging Young Children: Lessons from Research about Quality in Early Childhood Education and Care*, Starting Strong, OECD Publishing, Paris, https://dx.doi.org/10.1787/9789264085145-en.　　[3]

OECD (2017), *Starting Strong 2017: Key OECD Indicators on Early Childhood Education and Care*, Starting Strong, OECD Publishing, Paris, https://dx.doi.org/10.1787/9789264276116-en.　　[18]

OECD (2017), *Starting Strong V: Transitions from Early Childhood Education and Care to Primary Education*, Starting Strong, OECD Publishing, Paris, https://dx.doi.org/10.1787/9789264276253-en.　　[8]

OECD (2015), *Starting Strong IV: Monitoring Quality in Early Childhood Education and Care*, Starting Strong, OECD Publishing, Paris, http://dx.doi.org/10.1787/9789264233515-en.　　[9]

OECD (2011), *Starting Strong III: A Quality Toolbox for Early Childhood Education and Care*, Starting Strong, OECD Publishing, Paris, https://dx.doi.org/10.1787/9789264123564-en.（『OECD保育の質向上白書：人生の始まりこそ力強く：ECECのツールボックス』OECD編著、秋田喜代美・阿部真美子・一見真理子・門田理世・北村友人・鈴木正敏・星三和子訳、明石書店、2019年）　　[11]

OECD (2006), *Starting Strong II: Early Childhood Education and Care*, Starting Strong, OECD Publishing, Paris, https://dx.doi.org/10.1787/9789264035461-en.（『OECD保育白書：人生の始まりこそ力強く：乳幼児期の教育とケア（ECEC）の国際比較』OECD編著、星三和子・首藤美香子・大和洋子・一見真理子訳、明石書店、2011年）　　[26]

Phillipsen, L. et al. (1997), "The prediction of process quality from structural features of child care", *Early Childhood Research Quarterly*, Vol. 12, pp. 281-303, http://dx.doi.org/10.1016/S0885-2006(97) 90004-1.　　[30]

Pianta, R. et al. (2005), "Features of Pre-Kindergarten programs, classrooms, and teachers: Do they　　[77] predict observed classroom quality and child-teacher interactions?", *Applied Developmental Science*, Vol. 9/3, pp. 144-159.

Raikes, H., H. Raikes and B. Wilcox (2005), "Regulation, subsidy receipt and provide characteristics: What predicts quality in child care homes?", *Early Childhood Research Quarterly*, Vol. 20/2, pp. 164-184, http://dx.doi.org/10.1016/j.ecresq.2005.04.006. [60]

Sammons, P. (2010), *The EPPE Research Design: an educational effectiveness focus*, Routledge, London/New York. [34]

Schaack, D., V. Le and C. Setodji (2017), "Home-based child care provider education and specialized training: Associations with caregiving quality and toddler social-emotional and cognitive outcomes", *Early Education and Development*, Vol. 28/6, pp. 655-668, http://dx.doi.org/10.1080/10 409289.2017.1321927. [61]

Scottish Government (2016), "Growing up in Scotland", http://hub.careinspectorate.com/media/355563/ languagedevelopment-and-enjoyment-of-reading-impacts-of-early-parent-child-activities-in-two-growing-up-in-scotland-cohorts.pdf (accessed on 15 February 2018). [10]

Sheridan, S. (2001), "Quality Evaluation and Quality Enhancement in Preschool - A Model of Competence Development", *Early Child Development and Care*, Vol. 166, pp. 7-27. [37]

Sheridan, S. et al. (2009), "A cross-cultural study of preschool quality in South Korea and Sweden: ECERS evaluations", *Early Childhood Research Quarterly*, Vol. 24/2, pp. 142-156, http://dx.doi. org/10.1016/j.ecresq.2009.03.004. [32]

Shonkoff, J. and D. Phillips (2000), *From neurons to neighborhoods: The science of early childhood development*, National Academy Press. [33]

Siraj-Blatchford, I. et al. (2005), "Technical Paper 10 "Intensive Case Studies of Practice Across Foundation Stage", http://www.leeds.ac.uk/educol/documents/00003934.htm (accessed on 19 February 2018). [70]

Slot, P. (2017), *Literature review on Early Childhood Education and Care quality: Relations between structural characteristics at different levels and process quality*, Internal document, OECD, Paris. [7]

Slot, P. et al. (2018), "Structural and Process Quality of Danish Preschools: Direct and Indirect Associations With Children's Growth in Language and Preliteracy Skills", *Early Education and Development*, Vol. 29/4, pp. 581-602, http://dx.doi.org/10.1080/10409289.2018.1452494. [67]

Slot, P. et al. (2017), "Measurement properties of the CLASS Toddler in ECEC in the Netherlands", *Journal of Applied Developmental Psychology*, Vol. 48, pp. 79-91, http://dx.doi.org/10.1016/ j.appdev.2016.11.008. [6]

Slot, P., M. Lerkkanen and P. Leseman (2015), *The relations between structural quality and process quality in European early childhood education and care provisions: Secondary data analyses of large scale studies in five countries*, CARE, http://ececcare.org/fileadmin/careproject/ Publications/reports/CARE_WP2_D2_2_Secondary_data_analyses.pdf. [68]

Slot, P. et al. (2015), "Associations between structural quality aspects and process quality in Dutch early childhood education and care settings", *Early Childhood Research Quarterly*, Vol. 33, pp. 64-76, http://dx.doi.org/10.1016/j.ecresq.2015.06.001. [53]

Sylva, K. et al. (2004), *The Effective Provision of Pre-school Education (EPPE) project: Final Report -*　[16]
A longitudinal study funded by the DfES 1997-2004, Institute of Education, University of London/
Department for Education and Skills/ Sure Start, London.

Sylva, K., I. Siraj-Blatchford and B. Taggart (2003), *Assessing quality in the early years: Early*　[12]
Childhood Environmental Rating Scale Extension (ECERS-E) four curricular subscales,
Trentham Books, London.

Thomason, A. and K. La Paro (2009), "Measuring the quality of teacher–child interactions in　[54]
toddler child care", *Early Education and Development*, Vol. 20, pp. 285-304, http://dx.doi.
org/10.1080/10409280902773351.

van Voorhis, F. et al. (2013), "The Impact of Family Involvement on the Education of Children Ages　[13]
3 to 8: A Focus on Literacy and Math Achievement Outcomes and Social-Emotional Skills -
Executive Summary", https://www.mdrc.org/sites/default/files/The_Impact_of_Family_
Imvolvement_ES.pdf (accessed on 15 February 2018).

Vandenbroeck, M. et al. (2018), *Quality in family child care providers: A study of variations in process*　[62]
quality of home-based childcare, Submitted for publication in European Early Childhood
Education Journal.

Vogel, C. et al. (2015), *Toddlers in early Head Start: A portrait of 2-years-olds, their families, and the*　[55]
program serving them, Office of Planning, Research and Evaluation, Administration for Children
and Families, U.S. Department of Health and Human Services, Washington, DC.

Vogel, C. et al. (2015), *Toddlers in early Head Start: A portrait of 3-years-olds, their families, and the*　[56]
program serving them, Office of Planning, Research and Evaluation, Administration for Children
and Families, U.S. Department of Health and Human Services, Washington, DC.

von Suchodoletz, A. et al. (2017), "Associations among quality indicators in early childhood education　[39]
and care (ECEC) and relations with child development and learning: A meta-analysis", Internal
document, OECD, Paris.

Zaslow, M. et al. (2010), *Quality, dosage, thresholds, and features in early childhood settings: A review*　[69]
of the literature, Mathematica Policy Research, Washington, DC.

Zaslow, M. et al. (2004), "The role of professional development in creating high quality preschool　[71]
education", *Welfare Reform & Beyond Working Paper*, https://www.brookings.edu/wp-content/
uploads/2016/06/200411Zaslow.pdf (accessed on 19 February 2018).

第3章

人生初期の学びのための政策：
ペダゴジーをよりよく形成する

　本章では、子どもたちが21世紀において成功するために主要となる知識・スキル・態度・価値観を強化する観点から、乳幼児期の教育とケア（ECEC）における教育実践上のアプローチについて展望する。次に、このようなペダゴジー（教育実践学）を支える政策に目を向ける。本章の最後には、幼児期の学びから学校へのスムーズな移行を促すカリキュラムのデザインへのアプローチを再考する。

　ペダゴジー（pedagogies, 教育実践学）は、「教えること」と「学ぶこと」の中心にある。子どもたちがある主題についての深い知識と幅広い社会的スキルをもった生涯学習者になるように環境を整えるには、ペダゴシーがどのように学習に影響を与えるかを理解しなければならない。そうすることによって、教師に対する見方は、カリキュラムに定められた教育目標の達成に向かう技能者像から、教えることについてのサイエンスとアートの専門家像へと転換する。このレンズを通してみると、教えることの革新とは、教師の専門性に根ざした問題解決のプロセスであり、また、変化し続ける教室での日々の課題への応答だともいえよう。なお、本章で引用するECECのためのペダゴシーと政策についての研究は、大半が以下の資料を出典としている。*The Early Childhood Education and Care Pedagogy Review: England*（ECECのペダゴジー再考：イングランド）（Wall, Litjens and Taguma, 2015 [1]）、*Starting Strong V: Transitions from Early Childhood Education and Care to Primary Education*（人生のはじまりこそ力強くⅤ：ECECから初等教育への移行の諸側面）（OECD, 2017 [2]）、そして *The conceptual framework of the OECD Starting Strong Teaching and Learning International Survey*（OECD国際幼児教育・保育従事者調査（TALIS Starting Strong）の概念枠組み）（Sim, M. et al., forthcoming [3]）。

ECECにおける教育実践へのアプローチ

　子ども中心型の教授法と、教え込み型の教授法の区別がなされることがよくある。すなわち一方の活動は子ども主体で、問題解決や探求志向の学習を行い、もう一方はスタッフ主導で、あらかじめ計画される課題は学業的なスキルの習得に照準が合わされている、といった説である。ただし、実際にはこれらのアプローチは必ずしもはっきりと区分されているわけではなく、どちらのアプローチも子どものスキルを後押しできるので、実践者は目的に応じて双方の異なったアプローチを組み合わせることができる。ただし、最年少の幼児の場合には、子ども中心の教育活動を取り入れることが大切だと示唆するエビデンスがある（Huffman and Speer, 2000 [4]）。アカデミックで教師主導のアプローチは、一般的には、明確な特定の目的と方略をもち、誰もが適用しやすいという実践者にとっての利点がある。また子どもの発達をモニタリングしやすく、スタッフの自己評価も実施しやすいといった強みがある。

　一方、子ども中心のアプローチを乳幼児期の教育実践のなかに確保することによって、子どもたちには選択と自律の機会が与えられ、自己統制や自己調整のような社会情動的能力を培うことができる。子どもたちは教育を通して成長していくので、こうした能力は長い目でみた発達と成功にとって非常に重要だと考えられている。以上により、政策文書や諸研究では一般的に、双方のアプローチと実践を組み合わせて乳幼児期の発達を刺激することを推奨している。

ECECに関するOECDの著作物は、社会構成主義者（social-constructivist）の特徴として合意されている観点を反映している。すなわち、子どもたちに生来的に動機づけられた活動と主体性が発達の原動力であるとしてその重要性を強調しながらも（McMullen et al., 2005 [5]；Pramling-Samuelsson and Fleer, 2009 [6]）、発達は文化のないところでは起こらないという認識である。ECECスタッフの役割は、したがって、子どもが自らの力で遂げていく発達への最適な条件をつくることだけに限定されない。スタッフは子どもを文化的な領域にもいざない、たとえば入門期の話し言葉・読み書き・数・算数・科学などのスキルの分野にも慎重に導かなければならないのである。しかし、これらをどのように行うかは、発達および動機づけの原則に従わねばならない。こうしたコンセンサスは、乳幼児教育の専門家であるスー・ブレデカンプ（Sue Bredekamp）がつくりだした「発達的に適切な実践」（developmentally appropriate practice）の概念に反映されている（Bredekamp, 1987 [7]）。

　それによれば、ECECのプログラムはそれぞれに強調点が異なるのである。測定が容易な分野（たとえば読み書きや算数）ですぐに成果を得ることに圧力がかかっている場合には、発達的なアプローチは弱められ、より教え込み的なアプローチのほうが主となっていく（Dickinson, 2002 [8]；Marcon, 2002 [9]）。ECECの実践的アプローチのなかには、カリキュラム（教科や領域）に関連した知識やスキルをスタッフ主導で伝達することの重要性を強調するものがある。これがもたらす結果は非常に教え込み的なアプローチで、年少の幼児にすら子ども中心の教育実践はあまり使われず、小学校入学準備の目的で学習プロセスを強化する直接的な教示と報奨が使われたりする。

教育実践のアプローチと学業的・社会的・情動的スキルの発達

　種々の教育実践上の焦点についての研究（Barnett et al., 2010 [10]；Eurydice, 2009 [11]；Laevers, 2011 [12]；Schweinhart and Weikart, 1997 [13]）は、スタッフ主導と子ども主体のどちらの実践も、包括的で効果的なECECプログラムの開発に使われうる要素から成っていると指摘している（表3.1）。アカデミックでスタッフ主導型の実践とアプローチは、子どもの学業に関わる成果（たとえばIQスコア、読み書き・数のスキル、特定の科目の知識）を向上させやすく、また大方が短期の成果をもたらすものである。子ども中心型の実践は、子どもの社会情動的でソフトなスキル（たとえば学習の動機づけ、創造性、独立心、自己信頼感、汎用性の高い知識、主体性）を向上させやすく、長期の成果をもたらす。またたとえば下記の研究では、強力で、教え込み的で、スタッフ指示型の実践は、子どもの社会情動的なスキルの発達（たとえば動機づけ、興味、自己統制）を長期的には妨げると注意を喚起している（Burts et al., 1992 [14]；Haskins, 1985 [15]；Stipek et al., 1995 [16]）。

　フィンランドのある研究（Lerkkanen et al., 2012 [17]）は、幼稚園（6歳児クラス）での教え方の実

第3章

表3.1

教育実践学のアプローチとその実践、効果の概要

教育実践学／実践	説明	効果
遊びを基盤とした学習	「遊びを基盤とした学習」には多種の形態がある。伝統的には自由遊び活動が主体で、子どもは自由に活動を選ぶ。	・パズル、ゲームなどの遊び活動で、砂遊びや扮装遊びなどがより多く行われる。 ・遊び相手と感度のよい大人は、子どもが遊び場面について考え、学んだことを理解するのを支援するのに重要である。 ・遊び場面での実践者の役割は重要である。質の高い場面では、大人は子どもに耳を傾け、子どもの考えと知識を広げる役割をする。
支え合い共有される思考	「2人以上の個人が相互関係をもって共に知的に活動し、問題解決・概念の明確化・活動の評価などを行う」（Siraj-Blatchford et al., 2012）	・子どもたちたちが共に支え合って思考を深められる場では、通常、大きな進歩が認められる。
足場かけ	大人と子どもの間に、援助と構造のある相互作用がなされる。その目的は、子どもが特定の目標を達成するのを援助することである。	・「足場かけ」に焦点化した学習環境にいる子どもは、教師主導型の環境や子ども中心の環境にいる子どもよりも、全面的な発達にプラスの効果が大きいことが、ある研究で示された。
子ども主体	たとえば、活動は子どもたちによって選ばれるなど、子ども主体の活動が優先される。スタッフが主体となる活動は、ほとんどない。	・子ども主体の実践では、子どもの学習の動機づけ、創造性、独立心、自己信頼感、汎用性のある知識、主体性のような、社会情動的でソフトなスキルを向上させやすい。
教師（保育者）主導	古典的な学習方法で、主に教師主導の活動であり、頻繁な反復練習・復唱を含む。	・主に教師主導の環境で教えられるフランスの子どもたちは、子ども中心の環境にいるドイツの子どもよりも、空間構成とリズムのテストでよい成績であった。 ・マルコン（Marcon, 2002）は、ECEC段階での公式化した学習経験の導入は、この年齢の子どもの発達状態には早すぎるので、教師主導の教育を受けた子どもの発達にはかえって遅れがみられると結論づけた。

出典：Anders（2015）; Dohrmann et al.（2007）; Dunn and Kontos（1997）; Haan, Elbers and Leseman（2004）; Lilliard（2012）; Lilliard and Else-Quest（2006）; Miller（1975）; ACYC（2009）; Schmidt et al.（2007）; Siraj-Blatchford et al.（2002）; Stipek et al.（1995）; Sylva et al.（2004）.

践と子どもの読みおよび数への興味の関係をみた。その結果、子ども中心の教育活動に主眼を置いて実践がなされたときのほうが、子どもは数と読みに大きな興味をもつことがわかった。同様に、「子ども主体」と「スタッフ主導」、それぞれのアプローチを一体化した教え方によって、就学準備の状態が改善し、低学年での学業成績が上がることも明らかになっている（Graue et al., 2004 [18]）。

　低所得およびエスニック・マイノリティの家庭の子どもに対して直接的にアカデミックな教え方をするECECプログラムは、認知面、学業面の意図された目標を達成するのに効果的だという報告がある（Dickinson, 2011 [19]; Gersten, Walker and Darch, 1988 [20]; Justice et al., 2008 [21]; Schweinhart

and Weikart, 1997 [13]）。マルコン（Marcon, 1999 [22]）は、主として低所得およびマイノリティの家庭の子どもを対象にして、初等前教育の3つのアプローチ（子ども中心型、教え込み型、混合型）がもたらす、子どもの発達と話し言葉・読み書き・数の習得への効果を、プリスクール終了時に比較した。その結果明らかになったのは、子ども中心型で発達的に適切な実践を行うプリスクールに通った子どもたちは、教え込み的なアプローチのプログラムの教育を受けた子どもたちよりも、プリスクール終了時点での基本的スキルの習得が優れていることだった。しかし、子ども中心型のプリスクールがアカデミック型のプリスクールより優位といってもその差はわずかで、どちらのプログラムも、双方の要素を組み合わせた混合モデルのアプローチよりもはるかに良い結果であった。その後のフォローアップ研究では、より複雑な様相が見出された。マルコン（Marcon, 1999 [22]）は、子ども中心型のプリスクールと混合型のプリスクール出身の子どもは、4年生時点で、新しい課題に出会ったときにそれに取り組めるだけの状態ができている、と結論づけた。

　別の研究でスティペックら（Stipek et al., 1995 [16]）が得た知見では、教え込み的で教師主導型のプログラムにいる子どもは、子ども中心型のプログラムの子どもよりも、文字もしくは読みのテストで優れたスキルを示したが、社会情動的な尺度の多く（たとえば大人への依存度、自尊感情、達成への自信）については、やや否定的な結果を示していた。これらの知見と合致して、ゴールドバーグ（Goldberg, 2000 [23]）は、アカデミック志向のアプローチの初等前プログラムにいる子どもたちほど、目標の達成度のテスト成績が良いが、子ども中心型の初等前プログラムのほうでは、子どもの社会情動的な発達をしっかり育てていることを強調している。一般的に言うと、子ども中心型のプログラムにいる子どもは、自己効力感が強く、大人への依存が少なく、自分自身の達成に誇りをもち、後年の学校生活への懸念が少なかった。社会情動的な発達（たとえば自己統制）が後年の学業での成功に関係することが明らかとなっているので、社会情動的発達の領域をECECに含めることは重要である。

　「発達型アプローチ」対「教え込み型アプローチ」の問題で重要なのは、プログラムの効果を短期的に測るか長期的に測るかということである。シュヴァインハートとワイカート（Schweinhart and Weikart, 1997 [13]）は、ハイ／スコープ・カリキュラム[1]と、教え込み的で基本スキル志向のプログラム、および「自由放任」が特徴の伝統的アプローチと比較した。短期的には、教え込み的なプログラムとハイ／スコープ・カリキュラムは認知領域で同等の効果があった。しかし長期的には、ハイ／スコープ・カリキュラムの別の長所が明らかになった。それは、他のアプローチと比べて、自己統制・勉学や仕事への態度・動機づけ・社会面・行動面での適応が良く、その結果として成人期での社会的

---

1. ハイ／スコープ・カリキュラム（High/Scope Curriculum）は、幼児期の教育に対して発達的で構成主義者的なアプローチを使っている。そこでは、能動的な学習者としての子どもに大人が関わり、また子どもは自分自身の活動の多くを主導する機会をもつ（Schweinhart and Weikart, 1997 [13]）。

第3章

な成果が優れていること（たとえば犯罪率の低さ、経済的自立度の高さ）だった。このような後年の社会生活の成果は、ハイ／スコープ・カリキュラムの前身である「ペリー就学前プロジェクト」で報告されたことと同様である。

このエビデンスが示唆するのは、年少児たちに対しては発達的なアプローチがしっかりとした教育基盤を提供してくれ、一方、就学前の年長児たちは小学校で出会うことになる学習課題への準備を徐々にしていくべきだということである。基本的な知識とスキル（たとえば、音韻意識や文字の知識）についてのアカデミックな方向づけは、小グループでの遊び主体の活動のカリキュラムのなかにも取り入れることができる。たとえば、子どもたちが一緒に対話的な読み聞かせや語りをECECのスタッフとともに行う活動で、子どもの語彙力、理解力や世界についての知識を培うことができる（Bus, Leseman and Neuman, 2012 [24]；Dickinson et al., 2003 [25]）。

発達的アプローチを優先させてから、後年になって学業的な知識とスキルを強調することは、小学校への移行へのよりよいサポートを提供する。このような後年の効果のエビデンスは、スティペクら（Stipek et al., 1998 [26]）によって報告されている。彼らは主に低所得層でエスニック・マイノリティの子どもたちから成る以下の4グループを比較した。そこではそのような子どもたちについて、3～5歳で「発達的に適切な実践型のプリスクール」に通ったか／「基本的スキル志向型のプリスクール」に通ったか、その後の初等学校前の5～6歳で「発達的に適切な実践型のキンダーガーテン」に通ったか／「基本的スキル志向型のキンダーガーテン」に通ったか、でグルーピングが行われた*1。その結果、5歳になるまでのプリスクールの「発達的に適切な実践のカリキュラム」が学業的な領域でも社会情動的な領域でもプラスの発達効果を生んでいること、その後の3年目にどのタイプの園に通ったかには関係がないこと、がわかった。しかし、「発達的に適切な実践型」のプリスクールに2年間通った後に「学業焦点型（基本スキル志向）」のキンダーガーテン（5～6歳）に通った子どもは、（3年目も）「発達的に適切な実践型」のプログラムを継続した子どもたちと比べて、小学校の学習成績がわずかに良く、社会情動的にネガティブな結果はなかった。最終年も「発達的に適切な実践型」のプログラムを継続した場合がわずかに上回っていたのは、問題解決と言語理解の点だった。

政策を通じてペダゴジーをより良いものに

教育実践に影響を与える主要政策レバーは「カリキュラム」である。OECD報告書 *Early*

訳注＊1. すなわち次の4グループ：1）「発達的に適切な実践型」⇒「発達的に適切な実践型」、2）「発達的に適切な実践型」⇒「基本スキル志向型」、3）「基本スキル志向型」⇒「発達的に適切な実践型」、4）「基本スキル志向型」⇒「基本スキル志向型」。

Childhood Education and Care Pedagogy Review: England（ECECのペダゴジー再考：イングランド）
（Wall, Litjens and Taguma, 2015 [1]）で検討されたケースにはすべて、国レベルで設けられた何らか
のかたちのカリキュラムあるいは枠組みがあり、そこで規定された学習領域と目標はECEC提供者が
採用するペダゴジーのアプローチと実践に影響を与えていた。

　カリキュラムは、ある教育水準で何が価値づけられるかを特定するが、次のようなことを潜在的に
含んでいる。学習の目的、内容、方法（アセスメントを含む）、教材、さらには教員養成と職能開発
の整備（OECD, 2018 [27] ; Sylva et al., 2016 [28]）。カリキュラムの枠組みは包括的な文書で、教育シ
ステムの広い文脈のなかでのカリキュラムの受けもつ範囲を明確にしている。こうした枠組みは多く
の場合、スタッフが自分の教育実践を組み立てる際に、発達目標や学習基準に即して対応するのに役
立つ原則を提供している（OECD, 2018 [27]）。

　ECECのカリキュラムは、小学校で使われるカリキュラムとよく対比される。それはひとつには、
小学校では、（教科の）教育内容に焦点を当てているのに対し、ECECでは通常は、何を教えるかよ
りも、教育実践に関する心理学理論や教育理論に依拠して、どのように教えるかを重んじているから
である（Frede and Ackerman, 2007 [29]）。

　大半のOECD加盟国には、ECECサービスを対象に、特に初等前教育（ISCED 02）のために立案
され実施されているカリキュラムがある（OECD, 2011 [30]）。またこのようなカリキュラムを採用す
ることが広く受け入れられてきている（Bertrand, 2007 [31]）。しかし、より幼い子どもたちにとっ
ての適切なカリキュラムと実践法の構成要素は何かという点には、依然として大きな論争がある
（Chazan- Cohen et al., 2017 [32] ; Sylva et al., 2016 [28]）。

　ECECのカリキュラムに関する文献は、子どもが豊かな経験のなかで他者と十分関わるような活動
の重要性を強調している。研究から明らかになっているのは、子ども中心の実践と子どもが積極的に
話し合いと相互作用に参加できる小グループの活動は、幼児期の学びの場での高いプロセスの質につ
ながる、ということである（Sylva et al., 2016 [28]）。カリキュラムの実施は、プロセスの質のひとつ
の側面と考えられよう。

　ECECでは、構成主義者的アプローチが望ましいカリキュラムモデルとして挙げられることが多
い。というのは、それは子どもの全面的な発達に関心を向けることの重要性を主張しているからであ
る（Copple and Bredekamp, 2009 [33] ; Frede and Ackerman, 2007 [29]）。この主張は、質の高い初等
前プログラムに通うことに伴う経済的利益（成人期により良い労働市場や健康などにおける成果をも
たらすこと）は、社会情動的なコンピテンシーと学業的コンピテンシーの組み合わせから生まれる、
という研究にも部分的には基づいている（Boyd et al., 2005 [34] ; Frede and Ackerman, 2007 [29]）。し

表3.2

主要な教育実践学のアプローチと実践（各国の事例）［1/2］

	主要な教育実践学のアプローチ	主な特徴	どんなエビデンスに、教育実践学のアプローチと実践は基づいているか？	どんな政策が、教育実践のアプローチを方向づけ、影響を与えているか？
イギリス	子ども中心	大人は刺激が多くしかも開放的な環境を用意し、子どもたちがそこで遊べるようにする。	乳幼児期における効果的教育方法の研究 (Research Effective Pedagogy in the Early Years, REPEY) (2002年) 乳幼児期基礎段階 (Early Years Foundation Stage, EYFS) レビュー (2011年)	乳幼児期基礎段階 (EYFS)，乳幼児期のナショナルカリキュラム スタッフの資格認定 モニタリングと質保証：教育水準局 (Ofsted) による査察
	教師主導	教師が学習のアプローチを主導し、計画する。		
	構成主義者的／相互作用的なアプローチ	学習は子どもと環境の間の能動的なやりとりであり、「段階」を追って進み、大人や仲間が学習における重要な刺激を与える、と考える。		
	遊び基盤	誘導的な遊びの機会が子どもに提供される。		
	支え合い、共有される思考	2人の個人が共に知的なやり方で、問題を解決したり、概念を明確化したりするなどの活動を行うが、どちらの側も思考とその展開・拡張に寄与しなければならない。		
	足場かけ	実践プロセスで、子どもは受身の存在ではなく学習者とみなされ、大人は子どもが遊びの高度な集中期の「フロー（流れ）」に入れるように、敬意をもって行動する。		
日本	指針となるチャイルドケア理論	子どもは、「自由」を感じ、教師からの共感的な支えがある時に、最も良く学ぶ。	モンテッソーリ、レッジョ・エミリア、その他の「発達的に適切な実践」から引き出された刺激・ヒント。	幼稚園教育要領／保育所保育指針 スタッフの資格認定 モニタリングと質保証：外部・内部評価
	就学前の3つの活動理論（遊び基盤）*	1. 活動は、自由遊びと誘導から成り、日常生活のスキルの発達を目指す。 2. 子どもの遊びから、要素が抽出され、教育的に再構成される。 3. 言語の／数学的な／芸術的な、概念やスキルを直に教える。		
フランス	指導型の教育実践学／直接的な教授活動	古典的な学びの方法、おもに教師主導の活動で、反復練習を含む。	ピアジェ、ヴィゴツキー、ブルーナーの理論と思想。 最近の例では、効果的な読み書き・数・音韻の練習についての研究。	ナショナルカリキュラム スタッフの資格認定 モニタリングと質保証：国と地方の査察 公式の学校教育との整合性
	構成主義者的／相互作用的なアプローチ	学習は子どもと環境の間の能動的なやりとりであり「段階」を追って進み、大人や仲間は学習における重要な刺激を与える存在と考える。学習は、絶えず既に教えられたことの上に構築されるよう、組織化される。		
デンマーク	子ども中心	大人は刺激が多く、しかも開放的な環境を用意し、子どもたちがその中で遊べるようにする。		カリキュラム スタッフの資格日程 親の委員会
	社会的教育学	強調されるのは、大人と子どもの対話であり、また話し合いとふりかえりのある創造的な活動である。		

第3章

表3.2

主要な教育実践学のアプローチと実践（各国の事例）[2/2]

	主要な教育実践学のアプローチ	主な特徴	どんなエビデンスに、教育実践学のアプローチと実践は基づいているか？	どんな政策が、教育実践のアプローチを方向づけ、影響を与えているか？
ドイツ	場面志向	社会的場面での学びを強調、おもに遊び基盤。	理論的思想は、フレイレ、ロビンソン、ジンマーから。 教育実践学的アプローチは、フンボルト、フレーベル、モンテッソーリ、ピアジェから。 統計的評価と効果的な実践についての量的研究（特に言語刺激についての）。	カリキュラム スタッフの資格認定 親の委員会
	構成主義者的／相互作用的なアプローチ	学習は子どもと環境の間の能動的なやりとりであり「段階」を追って進み、大人や仲間が学習における重要な刺激を与える、と考える。学習は、すでに教えられたことを基礎に絶えず構築されるよう、組織化される。		
	支え合い、共有される思考	2人の個人が共に知的なやり方で、問題を解決したり、概念を明確化したりするなどの活動を行うが、どちらも思考とその展開・拡張に寄与しなければならない。		
	子ども中心	大人は刺激が多くしかも開放的な環境を用意し、子どもたちがそこで遊べるようにする。		
ニュージーランド	テ・ファリキ	ニュージーランドの多様な文化や社会的文脈を認める、独自の社会文化的観点を採用している。社会的で相互作用的な学びの方法が、高度に重視されている。	テ・アオ・マオリ（マオリの文化） 教育実践学のアプローチと理論は、ヴィゴツキー、ブロンフェンブレナー、ロゴフから。 「乳幼児期サービスでの子どもの学び：良い実践」が優先される。	カリキュラム スタッフの資格認定 モニタリングと質保証：国の査察、職場内の自己点検

＊訳注：「保育の三層構造論」を指していると思われる。
出典：Anders, Y. (2015), *Literature Review on Pedagogy*, OECD Publishing, Paris; OECD (2014), "Survey on pedagogy", internal document, OECD, Paris.

かし、これらのカリキュラムのデザインと焦点は非常に多様である。しばしば、ECECのカリキュラムは全人的でホリスティックなカリキュラムか、あるいはスキルに特化したカリキュラムであると記述されている（Boyd et al., 2005 [34]；Frede and Ackerman, 2007 [29]）。前者は子ども中心のアプローチで、教室や教材の配置と結びついて能動的な学びを推進する傾向がある。逆に（後者の）スキルに特化したカリキュラムは、学業的なスキル（特に読み書きと算数）および社会情動的スキルのような特定の領域に照準を合わせている（Jenkins and Duncan, 2017 [35]）。これらのカリキュラムはしばしば子どもの発達と学習の測定のために作られた基準の影響を受けている。そのような場合には、教えることと学ぶことに対する構成主義者的アプローチをいっそう反映させている。

しかし、実際には、「ホリスティックなカリキュラム」と「スキルに特化したカリキュラム」の二元論は必ずしも当てはまらない。すなわち、カリキュラムが特定の焦点領域を含んでいるときでも、子ども中心の能動的な学びや、焦点領域以外の領域での子どもの発達を促進することもあるからである（Weiland et al., 2018 [36]）。反対に、焦点内容を特定せずにもっとホリスティックなアプローチをとるカリキュラムが、ある特定領域での子どもの学習と発達に寄与することもありうる（Marshall, 2017 [37]）。このようにカリキュラムの効果を評価することには困難が伴う。それは、カリキュラムの影響（意図的であれ潜在的であれ）が子どもの発達の特定の側面と全面性の双方に及ぶからであり、また短期的な学習の進歩にとっても長期的なウェルビーイングにとっても重要だからである。カリキュラムがどのように実施されるかは、子どもの学習・発達・ウェルビーイングにとって最も重要だと言えよう。

「スキルに特化したカリキュラム」と「ホリスティックなカリキュラム」には重なりも類似性もあるのだが、ヨーロッパでの研究は、ホリスティックかつ子ども中心で、「遊びを通して子どもは学ぶ」という認識をもつカリキュラムが優勢であることを示している（Sylva, Ereky-Stevens and Aricescu, 2015 [38]）。この知見はヨーロッパ以外の国々、たとえばアメリカ（NAEYC/NAECS-SDE, 2003 [39]）、ニュージーランド（New Zealand Ministry of Education, 2017 [40]）、オーストラリア（DEEWR, 2010 [41]）、カナダ（Ontario Government, 2007 [42]）、日本（Ministry of Education, Culture, Sports, Science and Technology, Japan, 2017 [43]）、ラテンアメリカとカリブ海諸国（Harris-Van Keuren and Rodríguez Gómez, 2013 [44]）などの知見とも一致している。また、共有の理解として、ECECのカリキュラムはオープンな枠組みのなかで共通の目標を設けるべきであり、子どもの発達・ウェルビーイング・学習を促すことをめざして、教育とケアをバランスよく提供すべきだ、ということがある。カリキュラムについてのこの種のアプローチの価値は、親・スタッフ・政策立案者の間で広く共有されている（Moser et al., 2017 [45]）。

すでに検討したように、スタッフの資格と養成・研修を決める政策は、教育実践のアプローチにも影響を与える（表3.2）。実践者は、質の高い学びの機会を幼い子どもたちに提供できるよう専門職としての多くの能力（コンピテンス）とスキルをもたなければならない。イングランドはこの点を強調してきており、現在では、スタッフにいっそう高い資格が期待されている。たとえば、ECEC施設では、最低一人の教育担当者が「乳幼児期専門職」（Early Years Professional）の地位を得ていなければならない。フランスでは、教育のアプローチと実践に及ぼす資格の影響を、別のかたちで表している。フランスの小学校教員と初等前教員はどちらも同じ資格と養成を受け、どちらにも同様の教育方法が用いられている。初等前施設での子どもの学びと発達のレベルを考えると、小学校において適切な教育方法が、初等前施設でどれくらい適切なのかという問題が残る。これは特に、小学校の教員をECECに雇用しようとする圧力のあるイングランドにも当てはまることである。

第3章

初等前教育から初等教育への移行を促す政策

　ECECから小学校への移行は子どもにとって大きなステップ（段差）であり、カリキュラムに連続性があれば移行を円滑に促すことができる。マネジメントのしっかりとした移行は重要である。なぜなら、それは子どものウェルビーイングを支え、ECECの恩恵が持続するのを保障し、子どもの就学準備を整え、教育の成果の公平性を改善できるからである（OECD, 2017 [2]）。さらに、連続的で整合性のあるカリキュラムがねらうのは、漸進的でホリスティックなサポートを生徒の発達と学習のプロセスに対しても一貫性をもって提供することである（OECD, 2017 [2]）。カリキュラムをECECと小学校を通して統合するか整合させることで、政府は子どもにとっての連続性をサポートできるとともに、進歩を促し、後の段階の教育へのしっかりとした土台を作ることができる。それと同時に、カリキュラムが教育段階をまたがって一体化することに対しては、（乳幼児期の）「学校化」（schoolification）への懸念と、年齢にふさわしい実践についても考慮する必要がある。

　カリキュラムは移行を支える重要なツールだが、カリキュラムの統合や整合は、必ずしも子どもの学習とウェルビーイングを支える唯一最高のやり方とはいえない。これに加えて、個々の教育制度の状況——制度の組織化、ガバナンス、責任の分担、ECECスタッフと教員の職業的な連続性、および教育システム全体に付与された目標——を考慮しなければならない。

初等前と初等教育の間のカリキュラムの整合性

　カリキュラムは通常、国と自治体の教育制度の組織運営に従っている。移行期に関するOECD調査に参加した63の国と自治体および7つの事例研究を展望して、OECD報告書 *Starting Strong V*（人生の始まりこそ力強くV）は、カリキュラムの枠組みは初等教育（ISCED 1）と初等前教育（ISCED 02）のためのルールであって、3歳未満児のためのカリキュラムはあまり一般的ではないことを示した（OECD, 2017 [2] ,Table 2.5 and Annex B参照）。

　最近出版されたECECと小学校の間のカリキュラムの整合性と連続的な進行についてのOECDのワーキングペーパーは、二つの教育段階の間の整合性と統合についての範囲や分布を示している（Shuey et al., 2019 [46]）。

　日本とニュージャージー州（アメリカ）では、一方でECEC、他方で小学校と、別々のカリキュラム枠組みが使われている。しかしどちらの場合も、カリキュラムあるいは学習基準の諸側面を整合させる努力をするか、二つの教育段階の間に連続性を与えようとしている。たとえば日本では、ECECから小学校に移行した最初の数か月に連続性を与えることをめざして「スタート・カリキュ

表3.3
カリキュラムの構成（7つの国と自治体の事例）

	ISCED 01のカリキュラム	ISCED 02のカリキュラム	ISCED 1 のカリキュラム
日本	保育所保育指針（0〜5歳） 幼保連携型認定こども園教育・保育要領（0〜5歳）		小学校学習指導要領(6〜12歳)
		幼稚園教育要領（3〜5歳）	
ルクセンブルク		初等前及び初等教育カリキュラム枠組（3〜12歳）	
	子どもと青少年の非正規教育のためのナショナルカリキュラム（0〜12歳）		
ニュージャージー州（アメリカ）	ニュージャージー州　学習が進む道（0〜5歳） プリスクール実施指針 キンダーガーテン実施指針		ニュージャージー州児童生徒学習基準（5〜18歳） 第1〜第3学年実施ガイド
ニュージーランド	テ・ファリキ（乳幼児期カリキュラム）（0〜5歳）		ニュージーランド・カリキュラムおよびテ・マラウタンガ・オ・アオテアロア（マオリ・ミディアム・スクールのナショナルカリキュラム）6〜18歳
ノルウェー	幼稚園の教育内容と課題の枠組プラン（0〜5歳）		知識推進カリキュラム（6〜18歳）
スコットランド		卓越性のためのカリキュラム（CfE）（3〜18歳）	
ヴィクトリア州（オーストラリア）	ヴィクトリア州乳幼児期学習及び発達枠組（VEYLDF）（0〜8歳）		
			ヴィクトリア州カリキュラムF-10（5〜17歳）

出典：Shuey, E. et al. (2019), "Curriculum alignment and progression between early childhood education and care and primary school: A brief review and case studies", *OECD Education Working Papers*, OECD Publishing, Paris.

ラム」を使っている。ニュージャージー州も同様に、初等前段階から小学校3年生までの連続性を学習基準と教職員の初期養成において推進している。ニュージーランドとノルウェーは、ECECと小学校の別々のカリキュラムが明示的に整合しているモデルをもっている。これらの場合は、双方の枠組み、内容、ペダゴジーおよび／または発達目標の間に明らかなつながりがある。たとえば、ノルウェーでは、「幼稚園の内容と課題の枠組みプラン」（Framework Plan for the Content and Tasks of Kindergartens）が学習領域を定めているが、これは国の小学校のカリキュラム枠組みと同じ方法である。完全に統合されたカリキュラムの一例は、スコットランドの「卓越性のためのカリキュラム」（Curriculum for Excellence）で、これは3歳から18歳までの教育をカバーしている。ルクセンブルクとヴィクトリア州（オーストラリア）もまた統合されたカリキュラムをもっているが、カバーする年齢範囲はスコットランドより狭い。表3.3には、7つの国と自治体で調査されたカリキュラムの組織についての詳細な概観を示す。

　統合されたカリキュラムの別の例にはイタリアがあり、同じカリキュラムが3歳から14歳までの教育をカバーしている。対照的に、ウェールズ（イギリス）の統合されたカリキュラムはカバーする期間がもっと短いが、それでもECECと初等教育の始め、すなわち3〜7歳にわたっている。図3.1に示すよう

図3.1

幼児教育と初等教育のカリキュラムが整合または統合している行政府の割合（2016年）

59の国と自治体からの情報に基づく

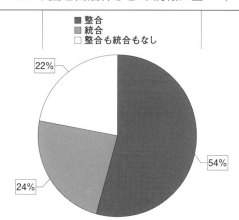

■ 整合
■ 統合
□ 整合も統合もなし

22%

24%

54%

出典：OECD (2017) , *Starting Strong V: Transitions from Early Childhood Education and Care to Primary Education, Starting Strong*, OECD Publishing, Paris, https://dx.doi.org/10.1787/9789264276253-en.

図3.2

幼児教育と初等教育に共通の価値と原則（2016年）

54の国と自治体からの情報に基づく

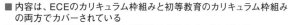

■ 内容は、ECEのカリキュラム枠組みと初等教育のカリキュラム枠組みの両方でカバーされている
□ 内容は、ECEのカリキュラム枠組みでのみカバーされている
■ 内容は初等教育のカリキュラム枠組みでのみカバーされている。
□ 内容は、ECEのカリキュラム枠組みでも初等教育のカリキュラム枠組みでもカバーされていない。

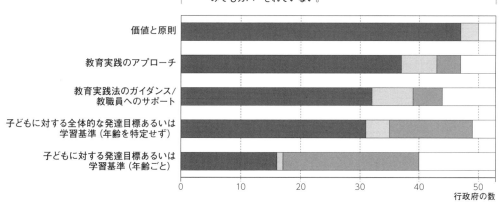

価値と原則

教育実践のアプローチ

教育実践法のガイダンス/
教職員へのサポート

子どもに対する全体的な発達目標あるいは
学習基準（年齢を特定せず）

子どもに対する発達目標あるいは
学習基準（年齢ごと）

0　　　10　　　20　　　30　　　40　　　50
行政府の数

注：各国・自治体の行政府はECECの初年と初等教育の初学年のカリキュラムの内容を報告した。比較からは以下の3つの行政府は除外された。
・カナダ（ヌナブト準州）：「カリキュラムの基礎」は、具体的な領域あるいはトピックをカバーしない、むしろ包括的なカリキュラム文書である。「初等教員の計画ガイド」は具体的な領域をカバーしていない。
・カナダ（ケベック州）：「乳幼児期の受け入れ：保育サービスの教育プログラム」は具体的なテーマあるいは領域をカバーせず、子どもの全体的な発達について述べている。
・ニュージーランド：「テ・ファリキ」は、個々のテーマの領域を定めていない。カリキュラムは一組に織りなされた原則・目標・構成要素を含み、それはカリキュラム実施の基礎の働きをする。
出典：OECD (2017) , *Starting Strong V: Transitions from Early Childhood Education and Care to Primary Education*, Starting Strong, OECD Publishing, Paris, https://dx.doi.org/10.1787/9789264276253-en.

第3章

表3.4

教育実践の連続性の確保：移行期の課題と方略

課　題	方　略
・カリキュラムの差異と不統一： 　−移行期への配慮のずれが、カリキュラム文書間に 　　ある（ノルウェー）。 　−教育（ケア）の目標と焦点の強調点の違いが、カ 　　リキュラム文書間にある（スロベニア）。 　−地方分権によりECECと初等教育の責任が分散 　　（オーストリア、フィンランド）。	・統合されたカリキュラム枠組および国の指針を開発・編制する 　（オーストリア、アイルランド、スロベニア）。 ・地域にある学識や地域発の革新に投資する（スウェーデン）。
・ECECと初等教育の両制度間に共有の教育実践知が 　足りない（フィンランド、ノルウェー、スロベニ 　ア）。	・カリキュラム改訂によって教育実践の連続性の強化を確保する（日 　本、フィンランド、ニュージーランド、ポルトガル、スコットラ 　ンド、スウェーデン）。 ・教育段階を越えて、教職員が協力する機会を作る（日本、ニュー 　ジャージー州（アメリカ）、ノルウェー、ポルトガル、ウェールズ） ・子どもを受け入れる際の小学校の役割を重視する（ノルウェー、 　ポルトガル、スウェーデン）。
・ECECから初等学校への移行期における教育方法の 　不一致（デンマーク、ウェールズ）。	・構造における一貫性を保証する（デンマーク）。 ・協働的な学習方略を創る（ウェールズ）。

出典：OECD（2017）, *Starting Strong V: Transitions from Early Childhood Education and Care to Primary Education*, Starting Strong, OECD Publishing, Paris, https://dx.doi.org/10.1787/9789264276253-en.

に、各国と自治体の78％（59か所のうち46か所）は、ECECの最終学年と小学校の第1学年の間に統合もしくは整合性のあるカリキュラムをもっていると報告されている。各国・自治体の24％（59か所中14か所）では、ECECの最終学年のカリキュラムの枠組みも小学校のカリキュラムに完全に統合されている（OECD, 2017 [2]）。

図3.2は、ECECと小学校の間に整合性があると報告されている国・自治体のカリキュラム枠組みの内容の類型を示している。価値観と原則、および教育方法のアプローチが、整合性のある領域として最も一般的である（OECD, 2017 [2]）。

ECECから小学校への子どもの移行を支える政策上のアプローチは数多くある（表 3.4）。たとえば、フィンランドでは、教育方法の連続性の欠如の問題に対処するために、ECECと小学校のカリキュラム文書の改訂が行われ、伝統的な小学校の科目が、特に初等教育の最初の2年間について、より幅広い総合的な学習領域に変更された（OECD, 2017 [2]）。

学習領域について：ECECと、初等教育カリキュラムの場合

ECEC政策調査が2011年と2015年に行われたが、その経年比較から、24の国・自治体で初等前（ISCED 02）のカリキュラム（の内容）が拡大されたことがうかがわれた。多くの国・自治体が、健

図3.3

初等前カリキュラムを拡大して、入門期の学習内容をECECに含める

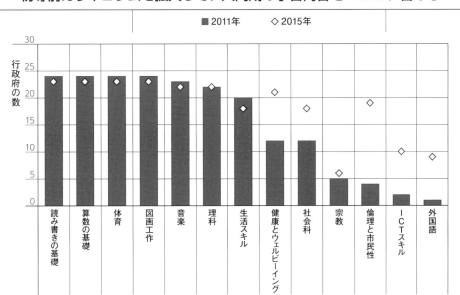

■ 2011年　　◇ 2015年

注：カリキュラムの内容領域についての情報は、24の国と自治体の2011年と2015年の情報の報告による。行政府の並び順は、2011年のECEカリキュラム枠組みに含まれる内容領域数の多い順である（複数回答可）。
・ベルギー（フラマン語圏共同体）：2015年のデータは「2歳半から6歳までの発達目標」で述べられた内容による。
・ルクセンブルク：2015年のデータは、並行して実施されている2つのカリキュラムの内容である。二つのカリキュラムとは、「子どもと青少年（0～12歳）のノンフォーマル教育のための教育枠組み計画」（ドイツ語圏向け）と「基礎的教育の学業計画」（フランス語圏向け）である。
・ニュージーランド：2015年については、ECECの前年度のカリキュラム（「ニュージーランド・カリキュラム」と「テマラウタンガ・オ・アオテアロア」）を考慮している。
・ポーランド：2015年、外国語が5歳児のみ必修になった。
・ポルトガル：2015年、幼稚園で外国語を（ECECの最終学年に）提供するようになった。
・スロベニア：2015年、施設は外国語を組み込むことができるようになった。
出典：OECD (2017), *Starting Strong V: Transitions from Early Childhood Education and Care to Primary Education*, Starting Strong, OECD Publishing, Paris, https://dx.doi.org/10.1787/9789264276253-en.

康とウェルビーイング、社会科、倫理と市民性、情報通信技術（ICT）のスキル、外国語をこの時期の学習領域として追加していた（図3.3）。顕著な増加がみられたのは倫理と市民性をカバーすることにした国・自治体の数で、17％（24か所中4か所）から約80％（24か所中19か所）へと増えていた。ICTスキルについては、8％（24か所中2か所）から42％（24か所中10か所）へ、また外国語をカバーしているところは4％（24か所中1か所）から38％（24か所中9か所）へと増えた。この初等前カリキュラムの拡大は、初等前カリキュラムと小学校カリキュラムの間の整合性が増したことを示唆している（OECD, 2017 [2]）。

　一般的にいえば、ECECの学習領域は子どものウェルビーイングとの関係が大きく、特定の学習内容との関係はそれより少ない。特定の学習内容は、図3.4に示されるように、小学校のカリキュラムのほうに、共通に含まれている。ニュージーランドでは、「テ・ファリキ」（Te Whāriki, ECE カリ

図3.4

幼児教育と初等教育の学習内容（2016年）

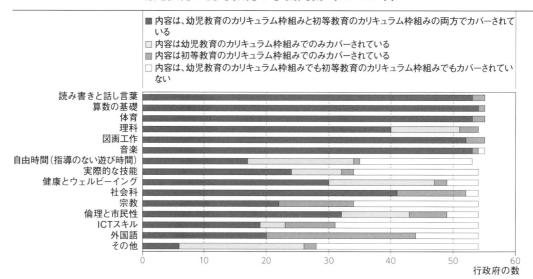

- ■ 内容は、幼児教育のカリキュラム枠組みと初等教育のカリキュラム枠組みの両方でカバーされている
- □ 内容は幼児教育のカリキュラム枠組みでのみカバーされている
- ■ 内容は初等教育のカリキュラム枠組みでのみカバーされている
- □ 内容は、幼児教育のカリキュラム枠組みでも初等教育のカリキュラム枠組みでもカバーされていない

注：各行政府は幼児教育と初等教育の初学年のカリキュラム内容を報告した。幼児教育と初等教育の両方に対してカリキュラムが一つだけの行政府については、「ECEと初等教育のカリキュラム枠組の両方でカバーされている内容」にカウントした。
「その他」には、あらかじめ設定された内容以外に行政府が個別に内容を挙げた場合を含む。たとえば、ソーシャルスキルとメディア、メディアと戸外活動、安全教育など。
以下3つの行政府は、比較から除外された。
- カナダ（ヌナブト準州）：「カリキュラムの基礎」は、具体的な領域あるいはトピックをカバーしない、全体的なカリキュラム文書である。「小学校教員の計画ガイド」は具体的な領域をカバーしていない。
- カナダ（ケベック州）：「乳幼児期の受け入れ：保育サービスの教育プログラム」は具体的なテーマあるいは領域をカバーせず、子どもの全体的な発達について述べている。
- ニュージーランド：「テファリキ」は、個々のテーマの領域を定めていない。カリキュラムは一組に織りなされた原則・目標・構成要素を含み、それはカリキュラムの実施の基礎として機能する。
出典：OECD (2017) , *Starting Strong V: Transitions from Early Childhood Education and Care to Primary Education*, Starting Strong, OECD Publishing, Paris, https://dx.doi.org/10.1787/9789264276253-en.

キュラム）と「ニュージーランドカリキュラム（学校用）」が、高いレベルで互いに整合している。さらに、2017年のテ・ファリキの改訂は、学びの成果を、ニュージーランドカリキュラムおよびマオリ・ミディアム・スクール[*1]用のカリキュラムである「テ・マラウタンガ・オ・アオテアロア」（Te Marautanga o Aotearoa）でのキー・コンピテンシーと学習領域につなげている（Bell, 2017 [47]）。幼い子どもたちに向けた学習目標と成果は、よりおおまかに記述されており、テ・ファリキの5つの構成要素（ウェルビーイング、所属感、貢献、コミュニケーション、探索）のなかに織り込まれている。一方、学童の学習領域は伝統的な教科目、すなわち英語、芸術、健康と体育、言語学習、数学と統計、理科、社会科、テクノロジー、によって記されている（New Zealand Ministry of Education, 2007 [48]）。

訳注＊1. マオリの子どもたちのために、教科の51％以上をマオリ語で教える学校。

コラム3.1

初等前のカリキュラムの改革事例

- **チェコ**では、「初等前教育の教育プログラムの枠組み」の革新が2012年に実施された。

- **アイスランド**では、「初等前教育に関する全国カリキュラムガイドライン」が2011年に施行された。

- **フィンランド**では、2015年以来、初等前教育のうち6歳から始まる1年間は義務化されている。その目的は、子どもの学習のための前提要件を向上させ、教育の平等を促進することである。「初等前教育における国民コアカリキュラム」は、フィンランド国民教育庁（Finnish National Agency of Education）によって改訂され、2016年に実施を始めたが、各自治体で作られたカリキュラムを土台にしている。ECEC新法は2018年9月に施行され、「ECECのための国民コアカリキュラム」もこれに従って更新された。初等教育と中等教育の全国コアカリキュラムについても最近改革がなされた。

- **イタリア**では、ECECに向けた国のカリキュラムは2012年に改訂され、生涯学習のためのキー・コンピテンシーに関する「ヨーロッパ枠組み」の実施が、含まれるようになった。

- **日本**では、「保育所保育指針」の改訂が2008年3月に行われ、スタッフの質の強化とすべてのスタッフの専門性を明確にした。

- **韓国**は、2012年に「ヌリ課程」（Nuri Curriculum）を導入した。これは3〜5歳児のための幼稚園と保育施設の統合的なカリキュラムである。そのねらいは、子どものホリスティックな発達を促し、責任ある市民を育成する包括的原則を定めることにある。そのために、家庭収入とは関係なく、すべての子どもの保育料に財政支援（無償化）を行う。

- **メキシコ**では、近年のECECの質向上と普及のための努力のなかに、個々の初等前機関によるカリキュラム開発を支援するため、「枠組みシラバス」を創ることを含めている。

- **ニュージーランド**では、乳幼児期のカリキュラム「テ・ファリキ」を、1996年の初公表以来、乳幼児期の学びについての文脈・理論・実践法の変化にあわせて更新してきた。子どもの発達と二つの文化の共存を願う本来の意図は、今も二つの道筋、ひとつは、乳幼児期の教育サービ

第3章

スの充実、もうひとつは「コハンガ・レオ」（kōhanga reo：先住民であるマオリのカリキュ
ラムモデル）の採用によって受け継がれ、強化されている。

●**ノルウェー**では、2017年の「幼稚園の内容と任務のための枠組プラン」（The Framework
Plan for the Content and Tasks of Kindergartens）の改訂によって、親を含めた（関係
者との）協働、およびECECと初等学校との一貫性を強調している。

●**スウェーデン**では、初等前教育のためのカリキュラムを改善し、2011年から実施している。

出典：OECD（2017）, *Starting Strong 2017: Key OECD Indicators on Early Childhood Education
and Care*（OECD, 2017 [49]）; Shuey, E. et al., "Curriculum alignment and progression between early
childhood education and care and primary school: A brief review and case studies", *OECD Education
Working Papers*（Shuey et al., 2019 [46]）.

結　論

　教え込む教育も、子ども中心の教育も、子どもの学業スキルを後押しでき、また実践者は異なるア
プローチを組み合わせることができる。しかし、子ども中心の教え方が社会情動的なスキルの発達を
支えるうえで重要であり、また長期的にプラスの成果をもたらすことを示唆するエビデンスがいくつ
か出されている。

　エビデンスが示唆するのは、発達的なアプローチは幼い子どもにしっかりとした教育的基盤を与
えるということである。基本スキル（たとえば、音韻意識、文字についての知識）を子どもたちに
教えるアカデミック志向の方法は、小グループでの遊び主体の活動カリキュラムのなかにも埋め込
むことができる。たとえば、子どもたちがECECのスタッフと一緒に対話的な読みや語りを行う活動
のなかで、子どもの語彙力、理解力や世界についての知識を培うことができる（Bus, Leseman and
Neuman, 2012 [24]；Dickinson et al., 2003 [25]）。こうした方法もまた、「発達的に適切な実践」と考え
ることができ、ECECの「意図や目的をもった指導」とみなすことができるだろう（Siraj-Blatchford,
2014 [50]）。

　教師主導型のアプローチは、一般的にいえば、学業スキルの発達のような、明確に定められた特定
の目的と方略をもっている。これは実践者にとって適用がより容易だという強みがあり、また子ども
の発達をモニタリングしたり、スタッフが自己評価を行ったりするのも容易であろう。一方、子ども
に自律の機会を与えることは、自己統制や自己調整のような社会情動的な能力の発達を促す。これら
は、教育を通して子どもが成長するときに、長い目でみた発達や達成にとって非常に重要だと考えら

れている。それゆえ、これまでの政策文書と研究は、一般に、双方のアプローチと実践を組み合わせて、乳幼児期の発達を刺激することを推奨している。

　教育実践がスタッフと子どもの相互作用のなかで（実際に）生ずるものであるのに対して、政策のできることは、カリキュラムのデザイン・初期養成・継続的な現職研修を通して、その「環境」を作ることである。OECDの報告書 *Starting Strong V*（人生の始まりこそ力強くV）が示したのは、大多数の国で、国レベルで作られた何らかのかたちのカリキュラムあるいは枠組みが存在し、それが規定する学習領域と目標は、ECEC提供者がどのような教育方法と実践を支持するかに影響を与えていることである。

　公共政策はまた、子どもにとっての大きなステップ（段差）である「ECECから小学校への移行」をよりよく促進することもできる。マネジメントのしっかりとした移行は重要である。というのは、それは子どものウェルビーイングを支え、ECECの恩恵が長く続くのを保障し、子どもに小学校の入学準備や人生への準備をさせ、教育の成果の公平性を増すことができるからである。ECECと小学校を通してカリキュラムを統合あるいは整合させることで、政府は、幼い子どもにとっての（学習と発達の）連続性をサポートし、また同時に、進歩を促して、後年の教育段階へのしっかりとした基盤を築くことができる。同時に、複数のカリキュラムが教育段階をまたがって一貫性を求めてまとめられるときには、幼児期の教育の「学校化」への懸念と年齢にふさわしい実践についても、よくよく考慮する必要がある。

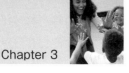 

参考文献・資料

第3章

Barnett, W. et al.（2010）, *The State of Preschool 2010: State Preschool Yearbook*, National Institute for　[10]
　　Early Education Research, New Brunswick.

Bell, N.（2017）, *Update of Te Whāriki: Presentation to the 21st Meeting of OECD Network on ECEC.*　[47]

Bertrand, J.（2007）, "Preschool Programs: Effective Curriculum. Comments on Kagan and Kauerz and　[31]
　　on Schweinhart", *Encyclopedia on Early Childhood Development.*

Boyd, J. et al.（2005）, *Promoting Children's Social and Emotional Development Through Preschool*　[34]
　　Education, NIEER.

Bredekamp, S.（1987）, *Developmentally Appropriate Practice in Early Childhood Programs Serving*　[7]
　　Children from Birth Through Age 8, NAEYC, Washington D.C.

Burts, D. et al.（1992）, "Observed activities and stress behaviors of children in developmentally　[14]
　　appropriate and inappropriate kindergarten classrooms", *Early Childhood Research Quarterly*,
　　Vol. 7/2, pp. 297-318, http://dx.doi.org/10.1016/0885-2006（92）90010-v.

Bus, A., P. Leseman and S. Neuman（2012）, "Methods for preventing early academic difficulties.", in　[24]
　　APA educational psychology handbook, Vol 3: Application to learning and teaching., American
　　Psychological Association, Washington, http://dx.doi.org/10.1037/13275-021.

Chazan-Cohen, R. et al.（2017）, *Working toward a definition of infant/toddler curricula: Intentionally*　[32]
　　furthering the development of individual children within responsive relationships, Office of
　　Planning, Research and Evaluation.

Copple, C. and S. Bredekamp（2009）, *Developmentally Appropriate Practice in Early Childhood*　[33]
　　Programs Serving Children from Birth Through Age 8, NAEYC, Washington D.C.

DEEWR（2010）, *Educators belonging, being and becoming: Educators' guide to the Early Years*　[41]
　　Learning Framework for Australia, Department of Education, Employment, and Workplace
　　Relations - Australia, http://files.acecqa.gov.au/files/National-Quality-Framework-Resources-
　　Kit/educators_guide_to_the_early_years_learning_framework_for_australia.pdf（accessed on 13
　　December 2018）.

Dickinson, D.（2011）, "Teachers' Language Practices and Academic Outcomes of Preschool Children",　[19]
　　Science, Vol. 333/6045, pp. 964-967, http://dx.doi.org/10.1126/science.1204526.

Dickinson, D.（2002）, "Shifting Images of Developmentally Appropriate Practice as Seen　[8]
　　Through Different Lenses", *Educational Researcher*, Vol. 31/1, pp. 26-32, http://dx.doi.
　　org/10.3102/0013189x031001026.

Dickinson, D. et al.（2003）, "The comprehensive language approach to early literacy: The　[25]
　　interrelationships among vocabulary, phonological sensitivity, and print knowledge among
　　preschool-aged children.", *Journal of Educational Psychology*, Vol. 95/3, pp. 465-481, http://dx.doi.
　　org/10.1037/0022-0663.95.3.465.

Eurydice（2009）, *Early Childhood Education and Care in Europe: Tackling Social and Cultural*　[11]
　　Inequalities, Eurydice, Brussels.

Frede, E. and D. Ackerman（2007）, *Preschool curriculum decision-making: dimensions to consider*,　[29]
　　Preschool Policy Brief Issue 12, National Institute for Early Education Research.

第3章

Gersten, R., H. Walker and C. Darch (1988), "Relationship between Teachers' Effectiveness and Their Tolerance for Handicapped Students", *Exceptional Children*, Vol. 54/5, pp. 433-438, http://dx.doi.org/10.1177/001440298805400506. [20]

Goldberg, S. (2000), *Attachment and Development*, Arnold, London. [23]

Graue, E. et al. (2004), "More than teacher directed or child initiated: Preschool curriculum type, parent involvement, and children's outcomes in the child-parent centers.", *education policy analysis archives*, Vol. 12, p. 72, http://dx.doi.org/10.14507/epaa.v12n72.2004. [18]

Harris-Van Keuren, C. and D. Rodriguez Gomez (2013), *Early Childhood Learning Guidelines in Latin America and the Caribbean*, Inter-American Development Bank. [44]

Haskins, R. (1985), "Public School Aggression among Children with Varying Day-Care Experience", *Child Development*, Vol. 56/3, p. 689, http://dx.doi.org/10.2307/1129759. [15]

Huffman, L. and P. Speer (2000), "Academic performance among at-risk children: The role of developmentally appropriate practices", *Early Childhood Research Quarterly*, Vol. 15/2, pp. 167-184, http://dx.doi.org/10.1016/s0885-2006 (00) 00048-x. [4]

Jenkins, J. and G. Duncan (2017), *Do pre-kindergarten curricula matter?*, Brookings Institution and Duke University. [35]

Justice, L. et al. (2008), "Quality of language and literacy instruction in preschool classrooms serving at-risk pupils", *Early Childhood Research Quarterly*, Vol. 23/1, pp. 51-68, http://dx.doi.org/10.1016/j.ecresq.2007.09.004. [21]

Laevers, F. (2011), *Experiential Education: Making Care and Education More Effective Through Well-Being and Involvement*, Centre of Excellence for Early Childhood Development and Strategic Knowledeg Cluster on Early Child Development, Montreal. [12]

Lerkkanen, M. et al. (2012), "The role of teaching practices in the development of children's interest in reading and mathematics in kindergarten", *Contemporary Educational Psychology*, Vol. 37/4, pp. 266-279, http://dx.doi.org/10.1016/j.cedpsych.2011.03.004. [17]

Marcon, R. (2002), "Moving up the grades: Relationship between preschool model and later school success", *Early Childhood Research & Practice*, Vol. 4/1, pp. 1-24. [9]

Marcon, R. (1999), "Differential impact of preschool models on development and early learning of inner-city children: A three-cohort study.", *Developmental Psychology*, Vol. 35/2, pp. 358-375, http://dx.doi.org/10.1037/0012-1649.35.2.358. [22]

Marshall, C. (2017), "Montessori education: a review of the evidence base", *npj Science of Learning*, Vol. 2/1, http://dx.doi.org/10.1038/s41539-017-0012-7. [37]

McMullen, M. et al. (2005), "Comparing beliefs about appropriate practice among early childhood education and care professionals from the U.S., China, Taiwan, Korea and Turkey", *Early Childhood Research Quarterly*, Vol. 20/4, pp. 451-464, http://dx.doi.org/10.1016/j.ecresq.2005.10.005. [5]

Ministry of Education, Culture, Sports, Science and Technology, Japan (2017), *Course of Study for Kindergarten*, Ministry of Education, Culture, Sports, Science and Technology, Tokyo. [43]

Moser, T. et al. (2017), *European Framework of Quality and Wellbeing Indicators*, European Union CARE Project. [45]

第3章

NAEYC/NAECS-SDE（2003），"Early childhood curriculum, assessment, and program evaluation: Building an effective, accountable system in programs for children birth through age 8", *Position Statement*, https://www.naeyc.org/sites/default/files/globally-shared/downloads/PDFs/resources/position-statements/pscape.pdf（accessed on 13 December 2018）. [39]

New Zealand Ministry of Education（2017），Te *Whāriki He whāriki mātauranga mōngāmokopuna o Aotearoa Early Childhood Curriculum*, https://www.education.govt.nz/assets/Documents/Early-Childhood/Te-Whariki-Early-Childhood-Curriculum-ENG-Web.pdf. [40]

New Zealand Ministry of Education（2007），"The New Zealand Curriculum", http://nzcurriculum.tki.org.nz/The-New-Zealand-Curriculum（accessed on 13 December 2018）. [48]

OECD（2018），*The Future of Education and Skills - Education 2030: The Future We Want*, OECD, Paris, http://www.oecd.org/education/2030/E2030%20Position%20Paper%20（05.04.2018）.pdf. [27]

OECD（2017），*Starting Strong 2017: Key OECD Indicators on Early Childhood Education and Care*, OECD Publishing, Paris, http://dx.doi.org/10.1787/9789264276116-3-en. [49]

OECD（2017），*Starting Strong V: Transitions from Early Childhood Education and Care to Primary Education*, Starting Strong, OECD Publishing, Paris, https://dx.doi.org/10.1787/9789264276253-en. [2]

OECD（2011），*Starting Strong III: A Quality Toolbox for Early Childhood Education and Care*, Starting Strong, OECD Publishing, Paris, https://dx.doi.org/10.1787/9789264123564-en.（『OECD保育の質向上白書：人生の始まりこそ力強く：ECECのツールボックス』OECD編著、秋田喜代美・阿部真美子・一見真理子・門田理世・北村友人・鈴木正敏・星三和子訳、明石書店、2019年） [30]

Ontario Government（2007），*Early Learning for Every Child Today: A framework for Ontario early childhood settings*, Ministry of Children and Youth Services, http://www.edu.gov.on.ca/childcare/oelf/continuum/continuum.pdf（accessed on 13 December 2018）. [42]

Pramling-Samuelsson, I. and M. Fleer（2009），*Commonalities and distinctions accross countries*, Springer, New York. [6]

Schweinhart, L. and D. Weikart（1997），"The high/scope preschool curriculum comparison study through age 23", *Early Childhood Research Quarterly*, Vol. 12/2, pp. 117-143, http://dx.doi.org/10.1016/s0885-2006（97）90009-0. [13]

Shuey, E. et al.（2019），"Curriculum alignment and progression between early childhood education and care and primary school: A brief review and case studies", *OECD Education Working Papers*, No. 193, OECD Publishing, Paris, https://dx.doi.org/10.1787/d2821a65-en. [46]

Sim, M. et al.（forthcoming），*Starting Strong Teaching and Learning International Survey 2018 Conceptual Framework*, OECD Publishing, Paris. [3]

Siraj-Blatchford, I.（2014），*Early Childhood Education*, SAGE Publications, London. [50]

Stipek, D. et al.（1998），"Good Beginnings: What difference does the program make in preparing young children for school?", *Journal of Applied Developmental Psychology*, Vol. 19/1, pp. 41-66, http://dx.doi.org/10.1016/s0193-3973（99）80027-6. [26]

Stipek, D. et al.（1995），"Effects of Different Instructional Approaches on Young Children's Achievement and Motivation", *Child Development*, Vol. 66/1, pp. 209-223, http://dx.doi.org/10.1111/j.1467-8624.1995.tb00866.x. [16]

Sylva, K., K. Ereky-Stevens and A. Aricescu (2015), *Overview of European ECEC curricula and curriculum template*, European Union CARE Project. 　[38]

Sylva, K. et al. (2016), *Integrative Report on a culture-sensitive quality and curriculum framework*, European Union CARE Project. 　[28]

Wall, S., I. Litjens and M. Taguma (2015), *Early Childhood Education and Care Pedagogy Review, England*, OECD, Paris, http://www.oecd.org/education/school/early-childhood-education-and-care-pedagogy-review-england.pdf. 　[1]

Weiland, C. et al. (2018), "Preschool Curricula and Professional Development Features for Getting to High-Quality Implementation at Scale: A Comparative Review Across Five Trials", *AERA Open*, Vol. 4/1, p. 233285841875773, http://dx.doi.org/10.1177/2332858418757735. 　[36]

第3章

付　録
乳幼児期の学び・育ちの支援に関わる質の諸要素

付図

第1章・第2章・第3章での検討のまとめ

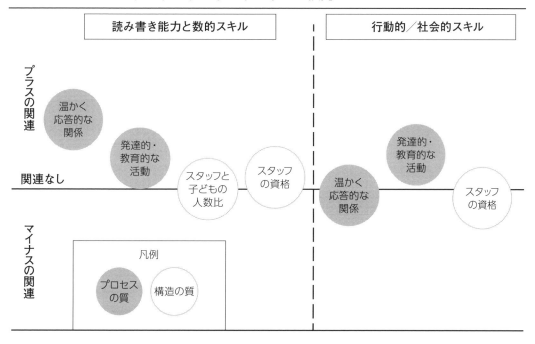

子ども・テクノロジー・教えること

　学校で、そして幼児教育機関でも、学びの環境にICT（情報通信技術）を入れるかどうか、どのように入れればよいのか、を検討している。本章では、これらのICTを学習で効果的に使うにはどうすればよいのかについて検討する。また、テレビ・ビデオゲーム・ソーシャルメディアなどのICTの使用が、子どもの発達途上の脳と身体に与える影響の研究についても考察する。

第4章

　OECD「生徒の学習到達度調査」（Programme for International Student Assessment, PISA）の2015年の結果によると、15歳の生徒の95％（OECD平均）が家庭でインターネットにアクセスしていた（OECD, 2017 [1]）。典型的な平日の放課後に、生徒たちは2時間以上（2012年調査よりも40分増加）をネット上で過ごしている（OECD, 2017 [1]）。また子どもたちは家庭外でも「（ネットで）つながっている」。PISA 2012年調査のデータによると、OECD諸国の生徒の72％が学校でコンピュータ技術（デスクトップ、ラップトップ、タブレット）を使っていた（OECD, 2015 [2]）。

　国際的な傾向として、もっと幼い子どもたちの間でも使用が増えていることが指摘されている（Hooft Graafland, 2018 [3]）。プリスクールの子どもは書物に接するよりも先にデジタル機器に親しむようになると示唆する研究もある（Brody, 2015 [4]；Hopkins, Brookes and Green, 2013 [5]）。

　ICT（情報通信技術）には子どもの発達や学び方を変える可能性がある。学校のみならず、幼児教育の場でも、ICTを学習環境に取り入れる方法を探っている。教育システムのなかにはICTの導入にすでに多額の投資をしたところがある一方、もっとゆっくりと進めてきたところもある。しかし教育の場でのICTの利用可能性の問題は、この変化のなかの一側面でしかない。個々の学校や教育機関で、地域全体で、あるいは国全体で、ICTへのアクセスを拡大する計画は、教員と生徒がこうしたツールをいかに使いこなして効果をあげられるかを考慮する必要がある。

　教育システム（の設計担当者）は、カリキュラムと教え方のシステムを見直さなければならないし、教員も自分の教授スタイルを見直さなければならない。それは、子どもたちが将来重要になる能力を身につけられるよう、学習へのICTの効果的活用を確保するためである。子どもたちが学校のなかでICTを使ってやりとりする方法を、学校外ですでに使っている方法につなげることは、学習のためのICTの潜在力を解き放つ鍵になるかもしれない。

　子どものICT使用が増加するにつれ、それが子どもの脳や社会情動的・認知的・身体的な発達にどう影響するかについての関心も高まってきた。さまざまな国の政策立案者は子どものICT使用に関するガイドラインをすでに定めている。本章では、OECD教育研究革新センター（Centre for Educational Research and Innovation, CERI）の「21世紀子どもプロジェクト」研究をもとに、これらのガイドラインとその理論的根拠について要約する。またICTの使用が子どもの脳、認知的・社会情動的・身体的な発達に及ぼす影響についての文献をレビューする（Gottschalk, 2019 [6]）。本章はまた、家庭と学校でのICT使用状況に関するPISAおよびOECD「国際教員指導環境調査」（Teaching and Learning International Survey, TALIS）のデータも検討する。最後に、安全で責任あるICT使用をサポートする学校の役割（Hooft Graafland, 2018 [3]）について一覧し、教育政策がこの問題にどのように取り組むことができるかを考察する。

テクノロジー・学ぶこと・教えること

　テクノロジーは、その多元的なメディア様式や時間・空間を橋渡しする手段によって、教員と生徒が教科書を超えた特定の教材にアクセスすることを可能にしてくれ、ICTは、学習者をアクティブな参加者とすることに焦点を当てた新しい教育方法をサポートしてくれる。ICTが体験的な学習を強化することを示す良い事例があるが、これらは次のような方法によっている。1) プロジェクト型や探求型の教え方をサポートする、2) 体験的な活動や協同的な学習を活性化する、3) リアルタイムの形成的評価を生徒に届ける。「反転授業」*1を行う教員は、授業時間を、練習・グループワーク・個人へのフィードバックなどに使うことができる。一方、生徒には授業内容を家でも見たり聞いたりするよう要求もできる。そうすることで、教員は（生徒の）勉強時間を拡張することも、個別に教えることもできる。そのような場合、ICTは教育実践を強化する「手段」として用いられるが、それ自体が教室での経験の中心になることはない（Bergmann and Sams, 2012 [7]）。

　ICTはまた、空間の制約を補うことができる。バーチャルな実験室で、生徒は単に実験について学ぶのではなく、自分で実験をデザインし、実行して、その実験から学ぶ機会を与えられる。第二言語の教育場面でICTを使えば、生徒は他では接することのないネイティブスピーカーにアクセスすることができる。

　このほか、ICTが学習をサポートするのに、双方向かつ非線形のコースウェア*2を使った興味深い事例がある。コースウェアが基盤にしているのは、最先端のインストラクショナルデザイン*3、実験と刺激のための精巧なソフトウェア、ソーシャルメディア、そして教育ゲームなどである。これらは、21世紀に必要な知識とスキルを開発するための学習ツールになりうる。一人の教員が今では、何百万という学習者を教育し励ますことができ、その学習者たちのアイディアをさらに全世界に伝えることができるのである。

　おそらく、ICTの最も顕著な特徴は、それが個々の学習者と教育者にとって役立つだけでなく、協働に基づく学習の周囲にエコシステム*4を作ることができる点である。というのは、ICTは学習者の

訳注＊1. 教室での学習のあと宿題として家庭学習をするという通常の授業を「反転」させて、まず家庭でビデオ授業等ICTを用いた方法で学習し、教室ではグループワーク、実習、個別指導等を重視する授業形態。

訳注＊2. 特定の分野を体系的に修得できるよう教材をデータ化した教室用ソフトウェア。

訳注＊3. eラーニングの基本の考え方で、最適な学習のための授業設計のこと。設計は、ニーズの分析、デザイン、開発、実施、評価の5段階を踏む。

訳注＊4. 教育のエコシステムとは、学校を中心にあらゆる利害関係者（地域、産業など異なる立場の人々も含む）が協働して作り上げる、持続可能で誰もが利益を得るようなシステムをいう。

第4章

図4.1

インターネットの使用時間と科学的リテラシーの成績（得点差）
OECD平均（30か国）

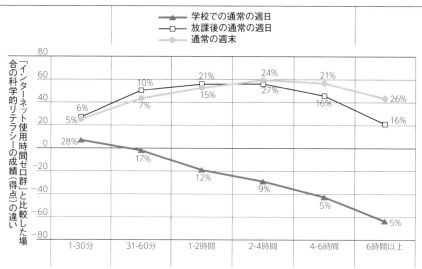

1日当たりのインターネット使用時間

注：結果は、3つの変数のそれぞれについて、別の線形回帰モデルに基づく。ジェンダーと社会経済的地位の考慮後の結果を示す。結果の比較のための参照カテゴリーは「使用時間ゼロ」。各カテゴリーでの生徒の比率はマーカーの脇に示す（その合計の残りの比率の生徒が「時間ゼロ」と答えている）。すべての係数は統計的に有意であった。
出典：OECD, PISA 2015 Database.

コミュニティを築くことができ、協働することで学習は社会により広く開かれ、ずっと面白いものになるので、目標への方向づけ・モチベーション・維持力・効果的な学習方略の開発が強化されることが認識されているからである。

　同様に、ICTは教員のコミュニティを築くこともできる。そこで教員たちは授業のためのリソースや実践を共有して深め、また職能の成長をともにはかることができる。ICTはまた、制度のリーダーと政府が、カリキュラムのデザイン・政策・実践理論にまつわるベスト・プラクティス（最良の実践例）を開発し共有するのを手助けすることもできる。

　以上のように言われているが、たとえ現実の教室のなかでICTが使われていても、それが生徒の成績に及ぼす影響は、よくみても依然として混然としている。2015年のPISA調査は、生徒のデジタル機器のリテラシーについて、また生徒が学校でコンピュータを使う頻度と集中度について調査した。「学校でコンピュータを使う頻度が中程度」の生徒は、「ほとんど使わない」生徒よりも、成績がやや優れている傾向があった。しかし「学校で頻繁にコンピュータを使う」生徒は、生徒の社会経済的な背景と人口動態を考慮に入れた後でも、ほとんどの面で成績がずっと悪かったのである（図4.1）。

図4.2

学校でのデジタル機器使用の変化（活動タイプ別）（2012年・2015年）

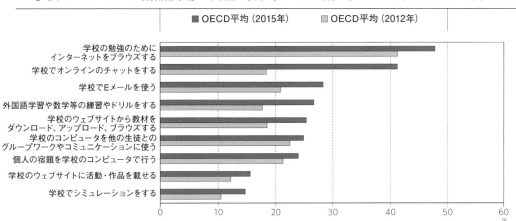

出典： OECD (2018) , "Change in use of digital devices at school between 2012 and 2015, by type of activity", in *Teaching for the Future: Effective Classroom Practices To Transform Education*, OECD Publishing, Paris, https://doi.org/10.1787/9789264293243-graph5-en.

　同様に注目すべきなのが以下の点である。2015年のPISA調査のデータ（図4.2）によれば、教室でのICTの使用は、デジタル機器を使わない旧来の方法と競合する傾向があった。「学校の勉強のためにインターネットをブラウズすること（OECD諸国の生徒の48％が、少なくとも週1度は行っていると回答）」、また「校内でオンラインのチャットをすること（これは最も急増している活動で、OECD諸国の平均値は2012 年から24％上昇）」は、伝統的な調べ学習や談話によっても代替可能で、ICTなしでもすむ活動である。一方、ICTならではの活動である「シミュレーションを、少なくとも週に1度、学校のコンピュータで行っている」と答えた生徒は、各国平均で15％しかなかった。

　ハッティとイエーツ（Hattie and Yates, 2013 [8]）の説明によれば、CAI（computer-assisted instruction：コンピュータ支援教育）の成功例と、テクノロジーに依拠しない学習介入の成功例の間には次のようないくつかの共通の特徴がある。1）調べる時間と実習を多く取り入れる、2）生徒は自分の学習状況をコントロールできる（たとえば、新しい教材が導入されたときに学習ペースを自分で調節できる）、3）協働的な学びをサポートできる。言い換えれば、テクノロジーの恩恵をたっぷり受ける世界の学習科学は、アナログ世界での学習科学と基本は同じなのである。学習には時間がかかる。そして学習の効果が最も高まるのは、個人のニーズや目標に学習が応えてくれる場合であり、学習が社会的に認められるような場合なのである。

　以上と同時に、教員たちは「自分がテクノロジーを使いこなすのであって、テクノロジーに使われるのではないという感覚」をもつ必要があろう。これは、ICTは学習指導をサポートするだけではな

第4章

図4.3
ICTに関する職能開発に対する教員のニーズ（2013年）
パネルA　ICTスキル上達へのニーズ

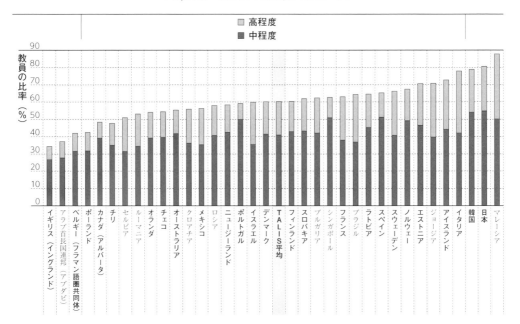

パネルB　職場での新しいテクノロジーの熟達に対するニーズ

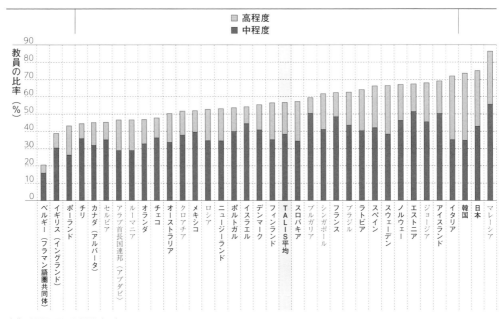

出典：OECD, TALIS 2013 database.

第4章

く、教員自身の教育実践の特性・専門性を構築する手助けにもなる、という意味である（Paniagua and Istance, 2018 [9]）。

PISA調査のデータが示しているように、教員のデジタル機器の使い方は、「カリキュラム基準で求められている」ことと、「教員自身の姿勢」に関連がある。たとえば数学の場合、現実世界の問題を解くことを生徒に求めるような教員が、コンピュータを最もよく使用している。だがそれに加えて、「教育実践の知識と学習指導の多様化」もまた重要で、グループ学習・個別学習・プロジェクトワークなど、生徒主体の教育実践に傾倒し、よく準備する教員ほど、デジタルの情報源を使う傾向がある（OECD, 2015 [2]）。

調査研究によれば、「職能開発の活動、特に教員の個人研究や協働研究あるいは教員ネットワークを巻き込むような研修」への参加は、「教員が将来、生徒の学業にICTを頻繁に使う可能性」をより高めることが示唆されている。さらに、「教室の規律や雰囲気が良い」と回答した教員は、授業でICTを使う傾向が強かった。教室の良い雰囲気は、ICTの使用によって導かれやすいのかもしれない（たとえば、授業の妨害をする生徒が少ないので）。あるいは、ICTの使用はクラスの雰囲気を改善するのにも役立つ（たとえば、生徒はICTとのやりとりを楽しむので）。自分の仕事について構成主義者としての観点をもっている教員（すなわち自分自身を生徒自身の探究活動のファシリテータだとみなす教員、あるいは特定のカリキュラムの内容を教え込むよりも生徒自身の思考と推論のほうが重要だと考えている教員）は、ICTや他のアクティブな学習指導の技術を使う傾向がより強い。その理由は、伝統的な教え方に比べて、ICTは、生徒たちが、構成主義者的アプローチに沿って、より独立したやり方で知の探究をするのを可能にするからであろう。

「OECD国際教員指導環境調査」（Teaching and Learning International Survey, TALIS）での2013年調査の結果によると、教員の約60％が、「指導用のICTスキル」の研修ニーズを中程度あるいは高程度にもっていると回答している（図4.3パネルA）。これは、「特別な支援を要する生徒への指導」という項目の次に最も共通に研修ニーズの高かった項目であった。さらに、教員の56％以上が、「職場で使う新しいテクノロジー」について、「研修ニーズが中程度あるいは高程度ある」と回答している（図4.3パネルB）。これらは図4.3に示すように、国により差がある。また、TALISに参加した教員の約55％が、「学習指導用のICTスキル関係の研修活動に参加した」と回答し、約40％は、「職場での新しいテクノロジーのための研修コースに参加した」と回答している。教員たちは、このようなコースに参加した結果、自分の教え方にプラスの影響があったと報告している。

第4章

コラム4.1

探究型の科学教育をICTでサポートする

ICTは、教員に学習支援ツールを提供し、生徒が21世紀に必要なデジタルスキルを修得するのを助ける。しかし、教室でのデジタル技術の効果についてのエビデンスには、まだ一致した結論が出ていない。とりわけ、ICTが特定の教育実践と組み合わさった場合はそうである（Bulman and Farlie, 2016[10]; Falck, Mang and Woessman, 2018[11]; Rodrigues and Biagi, 2017[12]）。

PISA2015年調査で、生徒は学校でのICTの「利用可能性」と「使用状況」の質問について回答を求められた。次に、これらの質問に対する回答を組み合わせて、二つの連続する構成指標が作られた。この指標は、さらに「学校の雰囲気」と「探究型の科学教育」（enquiry-based science teaching, EBST）の交互作用の分析方法とほぼ同じやり方で検討された。学校での観察の結果（観察項目にチェックが入ったかどうか）に加えて、回帰分析には、「生徒のプロフィール」、「EBSTを受けた頻度」（生徒の回答による）、EBSTと上記二つのICT指標（＝「利用可能性」と「使用状況」）の交互作用が含まれていた。

回帰分析の結果は、EBSTと科学の試験成績の間で、予測通りの負の関連を示した。学校でのEBSTとICTリソースの利用可能性の交互作用は、ほぼどの国でも有意ではなかった（例外はブルガリアとリトアニアで正の交互作用は有意だったが、弱かった）。しかし、EBSTとICTリソースの使用の交互作用は8か国で正の有意な結果がみられた。それは、ブラジル、ブルガリア、ドミニカ共和国、フランス、リトアニア、ポーランド、スロベニア、ウルグアイであった。これらの国のすべてで関連は弱く、有意差が5〜10ポイントの範囲での有意であった。

たとえICTを教育実践のサポートに利用でき、学校で実際に使用されていても、それによるEBSTが科学の成績と正の関係があることを示す明確で強固なエビデンスはなかった。調査の結果はまた、いくつかの国ではICTリソースを学習のサポートに活用することは、ただ利用可能であるよりも重視されていることを示唆している。

出典: Mostafa, T., A. Echazarra and H. Guillou (2018), "The science of teaching science: An exploration of science teaching practices in PISA 2015", *OECD Education Working Papers*, http://dx.doi.org/10.1787/f5bd9e57-en.

テクノロジー・「脳」・認知、そしてウェルビーイング

　今日、若者はかつてないほどに「つながっている」。2017年の調査では、インターネットユーザー（16〜74歳）の4人に3人が、毎日あるいはほぼ毎日、インターネットを使っている（OECD, 2019[13]）。一般的にいえば、デジタル機器への関わりは高齢者よりも若年の成人のほうが高い。ただし、今日では10年前よりもその差が小さくなっている。2015年には、OECD諸国の典型的な15歳は、インターネットを10歳から使い、放課後、平日は毎日2時間以上、週末は3時間以上をオンラインで過ごしていた（OECD, 2017[1]）。PISA調査では「ネットのヘビーユーザー」を、1日6時間以上オンラインしている人と定義しているが、OECD諸国の生徒の26％がこの範疇に入る。

　若者はインターネットのなかでも、ゲーム、チャット、ソーシャルネットワークを好んで使う傾向がある（Durkee, 2012[14]）。今日、子どもたちは、主にテレビとタブレットを使うが、メディアの景観はもっと複雑になりつつある。子どもはテレビを以前より見なくなり、その代わりネットフィックス（Netflix：ネット上のDVDや映像ストリーミング配信会社）やAmazon Prime（アマゾンのビデオ・オンデマンド・サービス）のような遠隔映像配信サービスの使用が増えている。一方、映像プラットフォームのYoutubeの人気は急上昇しつつあり、特に8〜11歳の子どもたちが好んで視聴している（Ofcom, 2019[15]）。10代の青少年に加えて、年少の子どもたち（0〜8歳）の間でもインターネットの使用が非常に増大している（Hooft Graafland, 2018[3]）。イギリスの最新の数字では、3〜4歳児の50％以上が少なくとも週に9時間、5〜7歳児の82％が少なくとも週に9.5時間、オンラインしているという（Ofcom, 2019[15]）。

　発達しつつある脳には「可塑性」、言い換えれば「経験依存的な変化」があるので、以上の知見は重大な意味があろう。脳は本質的に経験に反応して変化するが、子ども時代こそは脳の可塑性の大きい時期である。先行研究文献によると、テクノロジーの使用は、脳あるいは行動での一時的な変化（すなわち気分や覚醒）および長期的な改変の両方と関連しているという（Bavelier, Green and Dye, 2010[16]；レビュー全体はGottschalk, 2019[6]参照）。

　ICTの影響は、使われる技術のタイプや使われる目的などの要因によっても異なってくる（Bavelier, Green and Dye, 2010[16]）。子どもは、おそらく、授業中にはコンピュータを、友人との接触のためには携帯端末を、夜に宿題をするためにはタブレットを使い、また家族と一緒にくつろぐためにテレビを1時間見るだろう。となれば1日の通算接触時間はかなりのものになる。したがって、ICTがどのように、どんな理由で使われ、子どもがどんな種類の機器を選ぶかを理解することは、「画面を見る時間を制限すること」が有効かどうか、またその制限をどのように設定したらよいかを

決めるのに役立つだろう。

　政府と医学界を含めた「子どもの健康」に関わる多くの団体が、児童と青少年の画面視聴時間（screen time）を部分的あるいは完全に制限することを勧告している。たとえば、アメリカ小児医学会（American Association of Pediatrics, AAP）は、子どもの健康についての意見表明を国際的にもする代表的組織だが、0～18歳の子どものための視聴時間のガイドライン（目下の最新版は2016年）を出している。このガイドラインには多くの提言があり、たとえば、18か月未満の乳幼児にはそもそも画面を見せない（ビデオチャットを除いて）、5歳までの幼児は1日1時間の質の高い番組を（大人と一緒に）見る場合に限ることなどが含まれている（表4.1）。

　多くの国が同様のガイドラインを親と保護者全般に向けて出しており、視聴時間の制限と、「望ましい視聴方法」を示している。しばしば、これはガイドラインの一部に含まれ、「子どもがじっと座り続ける生活様式のリスク」にも言及していて、子どもの情緒的あるいは社会的なウェルビーイングよりも、身体的ウェルビーイングをまず配慮したものとなっている。他の一般的な勧告には、1) 使わないときにはスイッチを切る、2) 就寝の1時間前にはスイッチを切る、3) メディアなしの時間（たとえば食事中やドライブ中）と場所（たとえば寝室）を設ける、などがある。表4.1には、さまざまな国の政府機関や研究所などから出された「画面使用のガイドライン」のミニサンプルを示す。

　表4.1から明らかなように、各国で採用されているアプローチには、「ゼロトレランス・アプローチ」から、もっとゆるいアプローチまでがある。前者の例としては、フランスの連帯健康省（Ministère des Solidarités et de la Santé）の出した健康手帳（carnet de santé）が、3歳未満児はテレビのある部屋で過ごすことすらさせないことを勧めている。

　後者は、視聴時間の在り方や家庭生活への影響の仕方に勧告を絞っている。後者のアプローチの最近の例として、イギリスの王立小児医学・小児保健カレッジ（UK Royal College of Paediatrics and Child Health）が出した2019年のガイドラインがある（Viner, Davie and Firth, 2019 [18]）。このガイドラインは、メディア視聴時間が子どもの心身の健康に及ぼす影響についてのエビデンスの総合的なレビューに基づいているが、視聴時間と子どもの健康悪化の間の因果関係を示すエビデンスがないため、子どものウェルビーイングのいくつかの側面に焦点を当てている。たとえば、「オンラインの安全性の確保」（たとえば、ネットいじめやフィッシング詐欺のようなサイバー犯罪から子どもを守る）、「不適切な内容へのアクセスを避ける」などである。主な勧告は「家庭でメディアの画面の視聴時間を子どもと取り決める」ことで、子どもの要求を聞き、見るならどの画面（機器端末）を使用してよいか、他の健康につながる様々な行動や社会活動にその時間がとって代わってもよいのかどうか、なども話し合って決めることを推奨している。

表4.1
画面の視聴時間に関する各国の勧告

国名/機関名	乳児／歩行期の幼児	幼児	学齢期の青少年	他の勧告
アメリカ小児医学会(AAP)	ゼロ時間。例外はビデオチャッティング(18か月未満)／質の高い番組のみ(18〜24か月)	質の高いプログラムを1時間まで、親子で視聴	番組のタイプと時間について常に制限を設ける	使わない時はスイッチを切る／視聴時間が他の健康に必須の活動時間を奪わないよう留意
カナダ ーカナダ運動生理学会(CSEP) ーカナダ小児科協会(CPS)	ゼロ時間	1時間未満	2時間未満(CSEPのみ)	画面の前での長時間座位を制限(CSEP)／健全な画面視聴の手本を大人が示す(CPS)
オーストラリア政府保健省	ゼロ時間(12か月未満)、1時間未満(12〜24か月)	1時間未満	2時間未満(エンターテインメント番組)	
ニュージーランド保健省	ゼロ時間	1時間未満	2時間未満(レクリエーションとして)	CSEP(カナダ)のガイドラインを採用
ドイツ連邦保健省	ゼロ時間	30分	1時間(小学生)、2時間(青年)	できるだけ避ける／2歳未満児には、テレビを背景画像として使うのも含め、映像を全く見せない

出典：Gottschalk, F.(2019), "Impacts of technology use on children: Exploring literature on the brain, cognition and well-being", *OECD Education Working Papers*, No. 195, OECD Publishing, *Paris*, https://doi.org/10.1787/8296464e-en.

　同ガイドでは、家庭で視聴の仕方を検討すべき以下の4つの質問を出している。もし家族が自分たちの答えに満足できるなら、その家庭での視聴時間コントロールはうまくいっていることになる。

　1. お宅では視聴時間に制限を設けていますか？

　2. メディアの画面の視聴が、ご家族のやりたいことを妨げていませんか？

　3. メディアの画面の使用が、睡眠を妨げていまませんか？

　4. メディアの画面を見ながらスナックを食べるのを、お宅では制限できていますか？

　ガイドラインの最後には、もし家庭が視聴時間を減らしたいと感じていれば、どんな方法で減らせるかについての以下の一連の勧告がある。1）睡眠時間をしっかり確保する、2）対面のやりとりを大切にし、優先する、3）親がまずメディアの使い方を示して子どもがその手本から学べるようにする。

　この問題に関しては、メディア界からの関心が大きいが、子どもに及ぼすICTの影響を考えるとき、事実とフィクションを分けて考えることは重要である。最近の報告によれば、公的な言説および科学的な言説のいずれにおいても、「視聴時間に与えられた重みは入手可能なデータに基づいている」と言うには値しないだろう（Orben and Przylbylski, 2019 [19]）。したがって、入手できる研究を展望することが重要である。もっと踏み込んでいえば、調査対象となった多くの子どもたちは、メディア

に費やす時間を制限するのはますます難しくなっていると回答している。ただし、大多数の子ども（12〜15歳）は、自分は適切なバランスをとっていると考えている（Ofcom, 2019 [15]）のである。以下では、ゴッチャルクの研究（Gottschalk, 2019[6]）におけるレビュー全体の要約ノートを掲げておく。

脳の可塑性に関するノート

　脳は可塑的で、経験によって変化する。この可塑性は特に乳幼児期に顕著である。新生児の脳が生後数年間に急速に発達し、顕著な可塑性をもつことを研究は示している（Barkovich, 1988 [20]）。これに加えて、脳内のいくつかの領野は他よりいっそう可塑的である。学習と記憶に関わる「海馬」もそのひとつである（Bliss and Schoepfer, 2004 [21]；Pastalkova, 2006 [22]）。

　乳幼児期と青年期は急速な発達と成熟の時期である。人生の最初の3年間に、子どもの脳は毎秒100万以上[1]の新しい結合を創り出すことができる。それは聴覚・言語・認知の発達にとって不可欠である（Center on the Developing Child, 2009 [23]）。この基本的な能力はより高次の機能、とりわけ青年期に形成される機能の基盤を創る。というのは、意思決定のようなより複雑な活動の土台として働く多くの神経ネットワークは、この時期に成熟するのである。

　構造的な「機能的磁気共鳴画像法（fMRI）[2]」の研究は、こうした機能の変化は青年期の脳の広範囲な構造的改変を伴うことを示した（Crone and Konjin, 2018 [24]）。たとえば、注意や認知的柔軟性のような機能の向上は、おそらく髄鞘形成と刈り込みの結果であろう（Luciana, 2013 [25]；Paus, 2005 [26]）。刈り込みというのは、シナプスの選択的な削除のことで、幼い脳では当初シナプスは過剰に形成されている。このプロセスは思春期から青年期を通して大規模に起こる。乳幼児期と青年期の敏感期、つまり重要な脳の発達と再組織化が起こる時期は、経験と環境の要因に強く影響され、それが将来の機能に影響を及ぼすことがある（Irwin, Siddiqi and Hertzman, 2007 [27]；Petanjek, 2011 [28]）。

　この敏感期は、かつては「臨界期」として知られていた。それは、脳の発達において、もし期を逸すれば重要な能力の喪失あるいは発達遅滞を招く「非常に重要な機会の窓」だと信じられていたからである。しかし、たとえば、言語や視覚処理の発達は、かつては乳幼児期の「臨界期」の間にだけ起こると考えられていたが、今ではこの「窓」以外の時期でも起こりうることが研究によって示されて

---

1. 結合の数は、以前は700〜1,000と考えられていたが、2017年にハーバード大学小児発達センター（Center on the Developing Child at Harvard University）によって更新された。
2. MRI（磁界共鳴画像法）とは、脳／中枢神経システムのような器官の構造的な画像を作成することである。fMRI（機能的磁界共鳴画像法）は、作業に誘発された認知的変化から強化された、あるいは「安静時の脳の非定型プロセス」の結果として起こる神経活動に付随する血流の変化を探知するものである（Logothetis, 2008 [31]；Glover, 2011 [30]）。

いる（Fuhrmann, Knoll and Blakemore, 2015 [29]）。

第4章

　神経の可塑性は、学習の基盤ではあるが、生得的に良いものだとか悪いものだということではなく、その結果は、変化の大きさとその部位によってさまざまである。

　そして、このような変化と活性化のパターンを測定するのは難しい。たとえば、fMRIは、脳の局所の血流の変化および酸化濃度の変化を通して示される脳の活動を検知することはできる（Glover, 2011 [30]）。しかし、これは、いくつかの機能（たとえば認知機能あるいは行動機能）の基盤である神経メカニズム自体を解明するものではない（Logothetis, 2008 [31]）。脳の画像化は、脳の構造と活性パターンに何らかの洞察を与えることはできるが、機能の関連性を推測するのは難しく、この種の研究は依然として探索的な段階にとどまっている。

子どもへのテレビの影響：認知とウェルビーイング

　テレビと子どもについて探究した論文はかなり大量にある。その理由のひとつは、テレビはもう長い間私たちの身近にあるからである。研究者たちは、言語能力、また認知的・身体的・情緒的発達への（テレビ視聴の）関わりについて探究してきた。しかし、この分野の研究は、量の多さに比して質はいまひとつと言わざるを得ない。つまり、多くの研究で報告されているのは、効果量が非常に小さく、相関性を示す性質のもので（すなわち因果関係を示すまでには至らず）、また同じデータ群の分析から示された複数の「エビデンス」の間ですら多くの矛盾がみられる。したがって、この分野の研究結果は、注意深く解釈しなければならない。本節では、「テレビ視聴と子どもの成果」に関するいくつかの研究文献のレビューと、その限界について示す。

　「児童期に長時間テレビを見ていたこと」と「青年期の注意力の問題」を関連づけた研究（Landhuis, 2007 [32]）があり、また「3歳未満時にテレビを見ていたこと」が、後年の「児童期の認知的な発達に対してやや有害な影響を与えること」を示唆した研究もある（Zimmerman and Christakis, 2005 [33]）。しかし、この分野の研究結果は矛盾する傾向があり、また「テレビの視聴量が中程度の場合」には、明瞭な影響（プラスでもマイナスで）もない（Foster and Watkins, 2010 [34]）。ある研究は、「注意欠陥／多動」「情動面の症候群」「人間関係の問題」「向社会的行動（通常、愛他的な行動あるいは社会貢献を指す）」のような結果と（テレビ視聴と）のつながりはない、あるいはこれらの結果と電子ゲームとのつながりはないことを見出している（Parkes, 2013 [35]）。

　「テレビ視聴」が「乳児の社会情動的発達」に与える影響についての研究結果は、首尾一貫していない（Haughton, Aiken and Cheevers, 2015 [36]）。しかし、文献のいくつかは、テレビ視聴（この場

合は教育番組）と子どもの発達とのプラスの関連を指摘しており、それは学齢未満の子どもの読み書き・算数・問題解決スキル・科学的スキル・向社会的行動を促す可能性があると述べている（Evans Schmidt and Anderson, 2009 [37] を参照）。

　ある研究者は、機会費用*5の概念を援用し、「もっと教育的な活動」をしないで「テレビ視聴に費してしまった時間」との関係をみることを提案している。たとえば、「注意訓練ゲームを行う時間」を「子どもに人気のあるビデオを見る時間」と（機会費用の観点から）比較してみれば、（注意訓練ゲームは）実行性注意と知能の向上に貢献するかもしれない、というのである（Rueda, M. et al. 2005 [38]）。

　「子どもの脳がテレビにどのように反応するのかについての分析」は、その認知面あるいは行動面の結果についての分析よりも少ない。そして因果関係を確かめるのは依然として難しい。このような制約はあるものの、いくつかの研究結果は、テレビを頻繁に見る子どもは身体活動が少ない傾向があり、したがって、脳のいくつかの領野の容積への影響があるだろう、と指摘している（Takeuchi et al., 2013 [39]）。この研究はしかし、サンプルが小さいので限界がある。したがって、テレビ視聴がそこで測定された結果の直接の原因かどうかは明瞭でない。またこの結果を一般化できるかどうかも不明である。さらに、脳の異なる領野の容積測定による変化が機能と関係しているかどうかも必ずしも明瞭でない。

　要約すれば、テレビ視聴の子どもへの影響は明瞭でない。もしテレビ視聴の時間が他の活動時間との間に大きな差があれば、特に子どもの身体の健康に有益な時間との差があれば、これは心配の種になりうる。しかし、エビデンスは混在していて、「中程度のテレビ視聴」が、「健康面のウェルビーイング」あるいは調査で使われた「発達に重要な他の62項目の活動」に置き換わるかどうかの証拠は明瞭でない。

「共に視聴すること」について

　「共視聴」すなわち、親子（異世代）が一緒にテレビ・ビデオを見るのが望ましいことは、多くの研究が支持している（Gottschalk, 2019 [6] の概説を参照）。親あるいは保護者と共に視聴するときに、乳児は、（一人きりで画面を見るときよりも）もっと（画面に）注意を払うことができ、見た内容から学ぶ力を知らず知らずのうちに高めることができる（Barr et al., 2008 [40]）。そのために親や保護者たちができる「足場かけ」には、子どもに問いかけること、描写説明すること、その名は何かなどを教えることなどが提案されている（Barr et al., 2008 [40]）。しかし、どの程度の認知的成果がこの共視

訳注*5. 経済学用語。ある選択肢を選んだために得られなかった、もっと有利な他の選択肢から得られたであろう利益のこと。

聴の実践と関連しているかについては、明らかでない。

　他の横断研究は、養育者と一緒にテレビの視聴・本を読むこと・身体活動を毎日行った子どもの場合には、これらの活動が週1～2日だけの子どもよりも、「高い言語発達および/あるいは認知発達」につながっていることを示唆している（Lee, Spence and Carson, 2017 [41]）。ここでのひとつの結論は、活動内容に関わらず、養育者と一緒に行動するだけでも、子どもの発達に有益だということである（Lee, Spence and Carson, 2017 [41]）。

　「一緒に見ること、またもっと一般的に言えば、画面の内容を親が仲介するということ」についてもうひとつ注記すべきことは、社会経済的に恵まれた家庭と恵まれない家庭の間に深い溝があることである。画面を見る時間のキューレーションとメンタリング*6に時間を費やせる親の子どもは、家計が乏しい家庭の子どもや親が日常活動にあまり関われない家庭の子どもに比べて、より大きな利益を受けることは予測できる（Canadian Paediatric Society, Digital Health Task Force, Ottawa, Ontario, 2017 [42]）。このテレビ視聴をめぐる社会的公平性の次元に関しては——仮に子どもの認知的成果とテレビ視聴時間が関連するとすれば——もっと広範なデータに基づく結果が出ている。それは、「恵まれた背景の子ども」に比して「恵まれない背景」もしくは「学歴が低い母親」の子どもは、「テレビの視聴時間が長い」傾向があることである（Certain and Kahn, 2002 [43]；Rideout and Hamel, 2006 [44]）。

「質の高い」番組作り：「質」対「量」の議論

　テレビ番組の全部が同じように作られているわけではない。エンターテインメント以上の目的のほとんどない内容のものが数多くある一方で、教育番組も存在する。「教育的なテレビ番組を見ることの効果を脳ベースで探った研究」は多くない。しかし、「教育的な番組が就学前の子どもの認知発達に与えるプラスの影響」を支持する研究は比較的多くある（Anderson and Subrahmanyam, 2017[45]）。

　「セサミストリート」を定期的に見ていた就学前児のなかには、「スクール・レディネスの水準が高い子ども」（Anderson, 1998 [46]；Anderson, D. et al, 2001 [47]；Schmidt and Anderson, 2007 [48]）や、「言語の発達が優れている子ども」（Linebarger and Vaala, 2010 [49]；Linebarger and Walker, 2005 [50]；Linebarger and Piotrowski, 2009 [51]）がいることが研究から示されている。他の「教育的な」番組もまた、「より優れた言語使用」と「語彙力の発達」に結びつくことが明らかにされている（Linebarger and Walker, 2005 [50]）。

訳注＊6. 子どもに見せる番組の情報収集・選択・見せ方の工夫や配慮、共に鑑賞するときの解説など、教育的関わりのできることを指す、と思われる。

（テレビを介して）教育的な内容に触れたり親しんだりすることは、「恵まれない家庭や中流層の家庭の子どもたち」にとって、語彙力のみならず、読みの成績や算数のテスト、全体的なスクール・レディネスの面で特に有益であることも示されている（Wright et al., 2001 [52]）。この種の教育内容に接することの利益は幼児期を過ぎても続く可能性がある。たとえば、ある研究によれば、「就学前の年齢で教育／情報テレビ番組を見ること」と、「高校での成績」および「余暇に読書をする時間」の間にはプラスの関係がみられた（Anderson, D. et al, 2001 [47]）。

「テレビ視聴」と「学業成績・言語・遊び等の成果」との関連を探った文献の組織的なレビューがある。そこから見出されたのは、テレビ放送と子どもの発達の関係は複雑で、個人のいろいろな特性（個人の社会的状況や家庭の要因も含めて）の潜在的な重要性が際立つことである。このレビューは、「質の高い内容の番組を見ることは学業成績と関連し、将来の学業成績を予測するが、一方、乳児期にテレビを見ることは、遊びと言語発達に有害である」と示唆している（Kostyrka- Allchorne, Cooper and Simpson, 2017 [53]）。これらの（テレビ視聴と子どもの発達の）交互作用のうちいずれかが長く続くかどうかは不明瞭である。一般的に言えば、このタイプの研究の性質として、因果的な推論を下すことはできない。しかし、このような結果があるものの、「ビデオの弱点」、すなわち乳幼児はビデオを通して提示された教材からはライブの情報源から学ぶほどには学ばないという仮説を心に留めておくことは重要である（Anderson and Pempek, 2005 [54]）。

この「ビデオの弱点」はまた、生後1年目の乳児の言語学習にも影響するであろう。なぜなら、2歳前にテレビを眺めることは、言語発達およびその実行機能と何らかのマイナスの関連があるからである（Anderson and Subrahmanyam, 2017 [45]）。外国語に対して、生活のなかで接することは、AV機器を介して接触することに比べると、言語の音韻単位の違いを聞き分ける能力に与える影響がずっと強いことを研究は示している（Kuhl, Tsao and Liu, 2003 [55]）。

要するに、「子ども向けの番組に触れること」は、「子どもの言語能力の向上」「認知発達」「神経系の成熟」などにつながる利益をもたらすことが予測される。しかし、同じ研究はまた、ビデオからよりも生（ライブ）の情報源からのほうが、子どもはよく学ぶことを示している。これは恵まれない家庭の子どもや、子どもと一緒に過ごす時間の少ない共働き両親の子どもについても言えることである。「テレビを見ること」は、乳児や幼児にとってさえ、他の健康と発達促進のための習慣で詰まったスケジュールのなかに、おそらくはめ込まれているだろう。とりたてて問題傾向を示さない子どもの場合には、「テレビ視聴を制限する必要」はおそらくなかろう。ただ、エビデンスが矛盾しあっていることからもわかるように、「視聴時間の習慣」と「認知発達の成果」との間の明確な関連を見分けることもまたむずかしい。

ビデオゲームが脳と実行機能に及ぼす影響

　ビデオゲームと子どもについての研究文献は、テレビについての文献よりもずっと最近のもので、これもまた決定的な結論が出されているわけではない。大多数の研究の焦点は、肯定的な成果よりも否定的な成果のほうにあり（Granic, Lobel and Engels, 2014 [56]）、したがってビデオゲームが子どもに及ぼす潜在的な影響について、やや偏った見解を出している。一貫性がありバランスのとれた観点を提案することの重要性は高まりつつある。それは特にオンラインゲーム人口がさらに増大しているからで、たとえばイギリスの5～15歳のゲーム人口のうち4人に3人はオンラインゲームをしている（Ofcom, 2019 [15]）。

　肯定的な（影響があるという）知見には、「意思決定能力の向上」（The IMAGEN Consortium, 2011 [57]）、「手続き学習の上達（すなわち実践を通した新しいスキルの獲得）」（Pujol et al., 2016 [58]）などがある。とりわけ、アクション系のビデオゲーム（スピード・予測外の刺激・感覚運動的負荷の高さなどの点で、非アクション系のビデオゲームと区別されるもの）は、読み書き障害（ディスレクシア）の子どもの「読みの成績の向上」とも結びつく（Franceschini et al., 2017 [59]）ことが報告されている。ある研究は、ごくわずかな量のゲーム経験すらも、運動反応時間のスピードアップにつながることを示している（Pujol et al., 2016 [58]）。

　これら知見の一つひとつが政策立案に役立つためには、もっと決定的で大量なエビデンスの支持が必要であろう。そしてその結果は、過度のゲーム活動に関する懸念という観点から考慮されなければならないだろう。この懸念は実際広まっている。たとえば、「インターネットゲーム障害」（Internet Gaming Disorder）という概念が最近「DSM-5精神疾患の診断・統計マニュアル（第5版）付録」（Appendix of the Diagnostic and Statistical Manual of Mental Disorders-V）に入った。またそれは「ゲーム障害」として、「WHO疾病及び関連保健問題の国際統計分類」（World Health Organization's International Classification of Diseases）第11版（ICD-11）の原案にも含められた。しかし、これらを「障害」として公的に分類することは、科学の世界では論議を呼ぶところである（Turel et al., 2014 [61]）。特に「インターネット中毒」あるいは「ゲーム中毒」と言われるが、この分野の研究は、（医学分類の）薬物中毒になぞらえるほど堅固ではない（Weinstein and Lejoyeux, 2015 [62]）。医学的分類あるいは医学用語の使用を避けるために、多数の研究知見に沿って、子どものオンライン習癖の表現として（OECD, 2017 [1]；OECD, 2018 [65]）、「過度のインターネット使用」という用語が近年では提案されている（Smahel, 2012 [63]；Kardfelt-Winther, 2017 [64]）。

　親や教育者はしばしばゲームが学業成績に及ぼす影響について心配する。しかし、「教育的なテレ

ビ」と同様に、「教育的なゲーム」は子どもにプラスの影響を及ぼすかもしれない。総じていえば、「ビデオゲームが教育の成果に影響を与える」という考えを支持するだけの強力なエビデンスが欠けている。

　この分野の諸文献の記述には矛盾がある。そして研究の最大の困難のひとつは、「ゲームに費やしている時間の量を正確に測ること」である。この分野は、もっと多くの無作為化比較対照試験（RCT）、もっと大量のサンプル数、もっと一貫した追試可能な知見があれば、役立つ結論を得ることができるだろう。現在のところ、確実に言えることのすべては、「ビデオゲームをすることは、その使用がほどほどか極端かによって、子どもにプラスの影響もあれば、マイナスの影響もある」ということである。

21世紀の子どもとソーシャルメディア

　21世紀の青少年は、もっと幼い子どもも含めて友達とやりとりするのにICTを使う。1997年以来、1万件以上の雑誌記事が「ソーシャルメディア」という用語を使い、心理学・経済学・社会学等の分野の専門家がこのトピックを研究計画に入れてきた（Meshi, Tamir and Heekeren, 2015 [66]）。

　これにはそれだけの理由がある。最近の推定が示すのは、若者の90％以上が昼夜を分かたずソーシャルメディアを使っているということである（Duggan and Smith, 2014 [67]）。

　青少年の間では、電子文書によるテキスト・メッセージのやりとりが毎日のコミュニケーションで最も主要なかたちであり、それはインスタント・メッセージ、ソーシャルメディア・プラットフォーム、ビデオ・チャッティングのような媒体によるものである（Lenhart, 2015 [68]）。それに関して、子どもたちの社会関係がデジタルテクノロジーによって促進されること、また、オンラインによる適度な量のコミュニケーションは友人関係の質および社会関係資本とプラスの関係があること、を示すエビデンスがある（Kardefelt-Winther, 2017 [64] のレビューを参照）。

　ソーシャルメディアの使い方について、アメリカのピューリサーチセンターの2018年の調査では、図4.4のように、若者と少し前の（2015年の）世代の若者を比べた変化を示している。それによれば、10代でスナップチャットを「非常に頻繁に使う」と回答したのは35％だが、それより上の（2015年の）世代の場合はフェイスブックのほうを好む傾向があった（Pew Research Center, 2018 [69]）。

　ソーシャルメディアの使用を調べる研究は激増し、また非常に多くの子どもたちがこれらのプラットフォームに登録している。しかし、ソーシャルメディアが脳に及ぼす影響についての実証的研究は少ない。2015年に脳科学的にソーシャルメディアを探究した論文は、7編しか発表されていない

第4章

図4.4

アメリカの10代の若者におけるソーシャルメディア・プラットフォームの使用の変化（2015年・2018年）

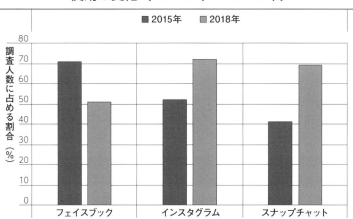

出典：Gottschalk, F. (2019), "Impacts of technology use on children: Exploring literature on the brain, cognition and well-being", *OECD Education Working Papers*, No. 195, OECD Publishing, Paris, https://doi.org/10.1787/8296464e-en.

（Meshi, Tamir and Heekeren, 2015 [66]）。さらに、多くの研究がフェイスブックの使用に焦点を当てている。スナップチャットやインスタグラムのような、21世紀の子どもたちが使っている他のソーシャルメディアについての調査文献はわずかである。

コラム4.2

インターネットと対人的スキルおよびウェルビーイング

子どもの対人的なスキルとウェルビーイングに及ぼす電子コミュニケーションの影響はどんなことだろうか。研究は過去数十年にわたって、以下のように変化してきた。

● **置換理論**（displacement theory）は、オンラインのやりとりが対面のやりとりに取って代わり、それが次第に、インターネットを使う子どもたち同士の社会的関わりと心理的ウェルビーイングを減らすことになる、と主張する（Kraut, R. et al, 1998 [73]）。この理論は初期には支持を得たが、子どもの社会関係資本へのインターネットのプラスの効果を強調するもっと最近の研究は、この理論を単純だと批判した。

第4章

- **「富める者はますます富む」理論**（経済学、マタイの法則）は、社会的スキルとネットワークを多くもっている子どもほど、そうでない子どもより、オンラインのコミュニケーションの恩恵を多く受けると述べている（Kraut, R. et al, 1998 [73]；UNICEF, 2017 [74]）。

- **社会的補償仮説**の立場は、オンライン・コミュニケーションは、対人不安が強く孤独な子どもたちに最も恩恵をもたらすと予測する。なぜなら、インターネットは社会的な境界を超えやすくし、オンラインの交友関係を促すからである（Bonetti, Campbell and Gilmore, 2010 [75]）。孤独な10代はまた、すでに存在する友情を維持することよりも新しい友達を作るのにソーシャルネットワークを使う傾向がある。

- 最後に、**刺激仮説**の立場は、子どものオンラインの行動は、すべての子どもにほぼプラスに影響し、特に今の友達とのコミュニケーションが改善されると示唆する（UNICEF, 2017 [74]；Valkenburg and Peter, 2007 [76]；Miller and Morris, 2016 [77]）。アメリカの子どもたちについて行われた最近のある研究では、子どものコンピュータの使用頻度とオフラインでコミュニケーションする友達の数との間にプラスの関係が見出されている（Fairlie and Kalil, 2017 [78]）。また別の研究では、9か国の「学齢期の子どもの健康行動」（Health Behaviour in School-aged Children, HBSC）のデータを使って、電子メディアを通したコミュニケーションの多い11～15歳ほど、生活の満足度が高いこと、しかし、ある閾値を超えると、この関係はマイナスになることを示している（Boniel-Nissim et al., 2014 [79]）。

置換理論はもはや多くの支持を得られていないものの、研究者間でのコンセンサスはない。より長期的で、電子コミュニケーションやソーシャルネットワークのタイプも考慮に入れた研究が必要である。

出典：Hooft Graafland (2018), "New technologies and 21st-century children: Recent trends and outcomes", *OECD Education Working Papers*, No. 179, OECD Publishing, Paris, https://doi.org/10.1787/e071a505-en.

さらにつけ加えれば、大半の研究の対象は大人であって、子どもや青少年ではない。「ソーシャルメディアの使用」、特に「夜間の使用」は「睡眠の質の悪さ」に結びつくことを示唆する研究がある。また、それは「不安や抑うつの程度」にも結びつくかもしれない。ただし、因果関係の方向は明らかではないし、両者の関係は弱い。たとえば、あるひとつの研究では、「睡眠の質の悪さ」と「不安／抑うつ」の間の関係のほうが、「メディアの使用」と「不安／抑うつ」との関係よりも強かった（Woods and Scott, 2016 [70]）。

第4章

　若い人々は、異なるプラットフォーム上のアカウントから成るソーシャルメディアのポートフォリオを保持して、写真を共有したりアップデートしたり、仲間とつながったりする傾向がある。青年たちは特に、仲間の意見を大事にし、最近掲載した写真への仲間からの「いいね！」という単純な行為が「定量化できる社会的是認」として働いている（Sherman et al., 2016 [71]）。「人気のある」写真（すなわち多くの「いいね！」を得た写真）ほど、そうでない写真よりも、青年のさまざまな反応を引き出す。たとえば、マリファナ喫煙や飲酒のようなリスキーな行動の映った写真をアップした場合でさえも、ずっと多くの「いいね」を獲得する傾向がある。そして、このような投稿を見るときに、脳のある領野は高い活動レベルを示す。たとえば、それは社会的な記憶、認知、模倣と結びついた領野であったり、視覚野であったりする（Sherman et al., 2016 [70]）。

「フェイスブック中毒」＝過度のソーシャルメディア使用と、リスクのある行動

　「フェイスブック中毒」や他の過度なメディア使用についての分類は、政策と研究の分野では受け入れられている。しかし、「ゲーム中毒」また「インターネットゲーム障害」と同様に、これらの分類は、普遍的には認知されてはいない。

　かつてない程多くの子どもがソーシャルメディアを使っているにもかかわらず、発達途上の脳にこの活動が与える影響についての研究はまだほんの萌芽的段階である。「ソーシャルメディアの使用」は「表情の認知や記憶」とつながっているが、これは、青年期とそれ以後の生活で、オンラインでもオフラインでも強い社会ネットワークを作り上げ維持するのに有益だということが（研究がもっと進めば）証明できるだろう。しかし、方向性をもった因果関係は推定できないし、また脳のいくつかの現象の機能的な関連性は不明である。

　これは動きと変化の激しい分野なので、厳密な研究を使う必要性はかつてないほど高まっている（OECD, 2018 [65]）。目下、手に入るエビデンスと、メディアおよび一般の認識との間には断絶があるように思える。さまざまな主張、たとえば「スマートフォンは世代を破滅させる」とか、「新しいICTは子どもの脳を"再配線"する」というような言説には、おおかた根拠がない。脳内の変化（すなわち可塑性）は、幼少期と青年期の正常な発達プロセスであり、ICTの使用の結果として何か大きな「再配線」があるとは考えにくい（Kardfelt-Winther, 2017 [64]）。しかし、テクノロジーが進化する以上、この研究領域では、常にアップデートと精緻化が必要なことは明白である。

身体の健康への予測される影響

　「ICTの使用」は健康に関連したさまざまな結果や行動とつながっており、そこには「睡眠のパター

第4章

ン」「姿勢」「ライフスタイル」も含まれる。本節では、ICTの使用が発達途上の身体に及ぼす潜在的なリスクと恩恵のいくつかについて評価する（レビューの全体はGottschalk, 2019 [6] を参照）。

睡　眠

　24時間周期のリズムは、体内時計に依拠している。光は、概日周期を調整する唯一の要因ではないが、体内時計を調節し同期する主要な役目を果たしている（Touitou, Touitou and Reinberg, 2016 [80]）。短い波長を放つ光、たとえば青色や青緑色の光は、長い波長のオレンジ色や赤色の光に比べて、概日周期への影響が大きい（Brainard and Hanifin, 2002 [81]；Thapan, Arendt and Skene, 2001 [82]）。今日、短い波長あるいはブルーライトを放つ機器がたくさんある。コンピュータ、携帯電話、タブレットなどはその種の機器で、これらは、時を追って、より大きくより明るい画面へと発展してきた。

　服用量（すなわち機器の画面を見る時間量）と年齢（の要因）は、睡眠開始の信号を脳に送るのに重要なメラトニンの生成に影響する可能性がある。青年と子どもは成人よりも光に敏感で、機器を使う時間が長いほど、メラトニンの減少が大きい（Figueiro and Overington, 2016 [83]）。

　ある組織的な文献レビューは、学童と青年の睡眠パターンを調べた1999～2014年の67編の研究を掘り起こした。これらの研究の約90％は、「画面を見る時間」と「睡眠の成果」との間に、寝つきの悪さや短い睡眠時間のような負の関連を見出している（Hale and Guan, 2015 [84]）。しかし、関連あるいは相関は、因果関係を意味するものではない。さらに問題なのが、視聴時間数および睡眠時間数に関する測定の誤りもしばしばみられることである（Hale and Guan, 2015 [84]）。たとえば、ティーンエイジャーは、睡眠時間数を多めに回答する傾向がある。また、自己申告や親の回答を尺度として青年が画面の前にいる時間を測定することの妥当性を検証した研究はほとんどない（Hale and Guan, 2015 [84]）。

　さらに、就寝前の時間帯に使っているメディアのタイプが異なると、睡眠との関係が異なる可能性がある。たとえば、イギリスで11～13歳について行われた横断研究で、「入眠の困難さ」は、「携帯電話を使用する」「音楽を聴く」といった活動に大きく関連していた。一方、「平日の睡眠時間の減少」は、「ソーシャルメディアのサイトにアクセスする」ことと、「勉強のためにコンピュータを使う」ことに関連していた（Arora et al., 2014 [85]）。これらの結果のいくつかは、「光の放射にさらされた結果のメラトニンの放出の遅延と精神的な興奮の組み合わせ」によると仮定された（Arora et al., 2014 [85]）。「勉強のためのコンピュータの使用」と「その睡眠への影響」に具体的に関係するこの知見は、特に注目に値する。というのは、PISA2012年調査のデータによると、OECD諸国の青年の50％以上が、学校の外で少なくとも週1回、学校の勉強用にインターネットでブラウジングしている

と報告されているからである（OECD, 2015 [2]）。

　児童・青少年がICTを使うときに、たとえば就寝直前の時間帯には使わないというような制限を設けること、あるいはブルーライトをカットする眼鏡のような保護具を与えることなどは、睡眠の混乱の予防に役立つだろう。ティーンエージャーにとってこの遮光レンズは、メラトニンが抑制されるのを緩和するのに効果的だというエビデンスが示されている（van der Lely et al., 2015 [86]）ので、夜間の勉強や就寝前のソーシャルメディア閲覧にこうした眼鏡を使うことは是認されうる。モバイル機器上の「ナイトシフト」「夜間モード」のような起動機能がメラトニン生成の混乱を予防するのに有効かどうかの判明には、さらなる研究が必要である。こうした措置は、良い睡眠のための生活習慣、たとえば過度の（あるいはわずかであっても）カフェイン摂取の回避、規則正しい運動、規則的な睡眠スケジュールの維持、睡眠環境からの騒音の除去などに、組み込むことが可能となろう（Stepanski and Wyatt, 2003 [87]）。

ストレス

　ストレスを与える事物、脅威や困難に直面すると、人間の身体は、コルチゾールのような糖質コルチコイドを分泌することで反応する。糖質コルチコイドは、身体が反応（たとえば「闘うか逃げるか」の反応を起こす）の準備をするのを助ける（Juster, McEwen and Lupien, 2010 [88]；Afifi et al., 2018 [89]）。健康な人の場合、コルチゾールのレベルは周期パターンをとり、通常は目覚め後がピークで、その後、日中のさまざまなときに急激に下がり、就寝前が最も低くなる（Afifi et al., 2018 [89]）。このパターンの変化、すなわちコルチゾールのレベルが慢性的に高下することは、人間の生理面と心理面のさまざまな結果にマイナスの影響を与える可能性がある（Davidson and Irwin, 1999 [90]；Damasio, 2000 [91]）。

　長時間のICTの使用（たとえば日に3時間以上）および使うメディアのタイプによっては、子どものコルチゾール反応に影響を及ぼす可能性がある（Wallenius et al., 2010 [92]）。ある研究では、フェイスブックを使っている12〜17歳の88名をみたところ、コルチゾールの値は、フェイスブックのネットワークの広さ、およびフェイスブックを通した仲間とのやりとりに関連していた。さらに別の研究では、一般的なメディアにたくさんかかわり、電話を使うことが多く、フェイスブック上の広いネットワークをもっている青年ほど、目覚めたときのコルチゾール値が高く（精神的および身体的な健康状態の不良につながる）、インターロイキン6（炎症性マーカーで、この過剰生成は健康状態の不良に関連している）の濃度が高かった（Afifi et al., 2018 [89]）。メディアの使用がこの生物学的反応を引き起こすかどうか、あるいは、生物学的反応がメディア使用の刺激剤であるかどうかは、この分野の実験的研究および／あるいは縦断研究があれば結論が出ることだろう。

ストレスは、コルチゾールのような生物学的なマーカーで測定できるし、ストレスの知覚についての回答者の報告のような主観的な尺度でも測定できる。ストレスの多い事象への反応として、子どもたちはエンターテインメントによってストレスや鬱屈に対処しようとし、メディアを消費する。研究のなかには、ゲームをすることは身体的なストレスを一時的に軽減し、気分を改善するのに役立つと示しているものがある（Russoniello, O' Brien and Parks, 2009[137]）。オンラインとオフラインのフォーラムで提供される社会的サポートは、ストレスの多いライフイベントの影響を和らげるのに役立つ可能性がある（Leung, 2007[93]）。

過食、座位のライフスタイル、肥満

　この数十年、テレビ視聴やコンピュータ使用の増加は、子どもの肥満の懸念を増大させた。「画面を見る時間に連関するいくつかの習癖」は子どもの場合、特に「肥満」に結びつけられている。たとえば、テレビを見ながら（スナック菓子などを）食べることは、エネルギーの取り込みの増大、すなわち余計なカロリーの摂取や食べ過ぎにつながり、それは通常の食事時間に得られる飽和（満腹）感を先送りし、前に消費した食べ物から得た満腹信号をぼかしてしまう（すなわち、子どもは満腹なのに、食べることを止めない）からである（Bellissimo et al., 2007[94]）。

　「肥満」と「画面を見る時間」のさらなる関連については、直線的でない傾向がある。たとえば、ある文献は「置換効果」の考え方を取り上げ、ICT使用に費やす時間は、接触量に比例して害を引き起こし、他の潜在的にもっと「価値のある活動」に携わるはずだった可能性を減らしてしまうとする（Neuman, 1988[95]）。しかし、最新の文献レビューから示唆されるのは、視聴時間を減らしても、青年や子どもが身体活動にもっと関わることへの動機づけにはならないことである（Kardfelt-Winther, 2017[64]）（これについてはコラム4.2も参照のこと）。他の研究では、「画面に貼りつく姿勢」と、「余暇時間の身体活動」は、互いに無関係であるとされている（Gebremariam et al., 2013[96]）。テレビ視聴が置き換えうるのは、読書のような他の活動であろうが、置換説によるマイナスの影響についての全体的なエビデンスは、比較的希薄であると言わざるを得ない（Evans Schmidt and Anderson, 2009[37]）。

　いずれにせよ、置換効果は、視聴時間の長さによっても、置換される活動によっても異なる。たとえば、インターネットの過剰な使用は、クラブ活動やスポーツへの参加を妨げるかもしれないが、ほどほどの使用であれば参加を促進することがわかっている（Romer, Bagdasarov and More, 2013[96]）。これは諸研究を通じて比較的一貫した知見である。つまり、インターネットのほどほどの使用とメディア経験の仲間との共有は、若者同士が関係を築くのを可能にしている（Romer, Bagdasarov and More, 2013[98]；Romer, Jamieson and Pasek, 2009[99]；Pasek et al., 2006[100]）。

アクティブビデオゲームの出現：活動、エネルギーと運動の協応

　ICTの発達とともに、ビデオゲームには、座ってコントローラに貼りつく状態から、プレイヤーが画面のゲームと相互作用するには何からの身体活動を行わなければならない状態へのシフトがみられる（Norris, Hamer and Stamatakis, 2016 [101]）。リアリティのあるゲーム、あるいは地理的な追跡のあるゲーム（「ポケモンGO」の場合は両方が組み合わさっている）が増加し、ますます人気が出ている。これが参加者の運動を促す、という説もある。

　しかし、エビデンスは混在している。ある組織的な研究文献レビューは、アクティブビデオゲームを学校の効果的な保健介入として使えるかどうかに関する研究の質は十分でないとして、もっと大きなサンプルを使った無作為化比較対照試験（RCT）研究を勧めている（Norris, Hamer and Stamatakis, 2016 [101]）。対照的に、アクティブビデオゲームに関する論文35件のメタ分析は、これらのゲームは座位での動作にうまく取って代わることができるが、青少年向けのより伝統的なスポーツや身体活動には置き換えられず、効果サイズはゼロから中程度であると結論づけている（Gao et al., 2015 [102]）。

　ICTはまた、身体スキルの発達の強化にも使うことができるかもしれない。たとえば、運動技能を要するアイパッド（iPad）のアプリの使用は、運動の協応の向上と関連するとの研究結果がある（Axford, Joosten and Harris, 2018 [103]）。技能訓練のアプリとウィースポーツ（Wii Sports）やダンスダンスレボリューション（Dance Dance Revolution）のようなアクティブビデオゲームの出現で、青少年向けの従来の画面使用への勧告は、見直されなければならないだろう。しかし、子どもにアクティブビデオゲームへのアクセスを単に許すだけでは、身体活動をより自発的に行うのを促すことにはならず、したがって公衆衛生に有益にはならないだろう（Baranowski et al., 2012 [104]）。アクティブビデオゲームが子どもの活動と健康の増進に使えるかどうか、どう使えるかについては、この分野のさらなる研究が必要である。

筋骨格の不快感と姿勢

　ICTの使用に関連した生理学的な影響は他にもある。子どものコンピュータ使用と関連する筋骨格の不快感は、多くの研究で言及されている（Jacobs and Baker, 2002 [105]；Woo, White and Lai, 2016 [144]）。この不快感は、コンピュータやタブレットの使用に伴う姿勢のリスクと関連している。下肢の非対称を維持したままの位置、1分間以上同じ姿勢の保持といったいくつかの条件は、不快感を生むだろう。これはラップトップよりもタブレットの使用で起こりやすいが、それは首を屈曲したままにすることが多いからである（Ciccarelli, 2015 [106]）。より最近のエビデンスが示したのは、テレビ・電話・タブレット使用に関係する頸部の症状、および携帯電話とタブレットの頻繁な使用に伴う視覚症状の増加である（Straker, 2017 [107]）。

親・教育者・若者はみな、自分の姿勢へのリスクをどうすれば自分でわかるかについて意識すべきである（Ciccarelli, 2015 [106]）。家庭や学校で子どもたちが機器を使う場所を物理的に変えれば、機器使用の際の姿勢を変えることに役立つ。姿勢を変えることと積極的に休みをとってストレッチや体操をとり入れることは有益だと子どもが理解するように、大人は手助けすることができる（Harris, 2015 [108]）。教員の初期養成および現職研修プログラムにもまた、コンピュータ使用の際の、あるいは単にクラスで座っているときの、固定した姿勢の維持が及ぼす身体への悪影響に、教員と生徒がどうやって対処できるかについての教育内容を入れることができるだろう（Murphy, Buckle and Stubbs, 2004 [109]）。

安全で責任あるインターネットの使い方：学校の役割

安全で責任あるインターネットの使い方をサポートするうえで、学校は主要な役割を果たす。学校にとっての課題は、インターネットやデジタル機器使用のマイナス面を減らす一方で、指導・学習・社会的結合への貢献を維持することができるかどうかにある（Kaveri Subrahmanyam and Patricia Greenfield, 2008 [110]）。そうするためには、子どもたちはオンラインのリスクを避けることよりも、いかに適切に対処するかを指導されるべきである（Middaugh, Clark and Ballard, 2017 [111]）。本節では、生徒のデジタル機器の使用を学校がサポートするための最良のアプローチについて考察する（考察全体は、Hooft Graafland, 2018 [3] を参照）。

学校での組織的取り組みと方針の確立

学校全体で取り組むことで、教員たちとサポート要員はオンラインの安全性の問題を認識し、対応し、解決できる。そして、それがICTの使用について生徒を守り、サポートするうえで効果的であることがわかっている（Ofsted, 2014 [112]）。したがって、オンラインのリスクとその影響について教員とサポート要員を訓練することが最も重要である。訓練は定期的に行われるべきである。というのは、デジタル技術の進化が急速なので、新しい発展に対し教員が最新の状態でいることが重要だからである。親や生徒もまた、オンラインの安全性の問題を扱う学校の力量を強化するのにかかわることができる。

学校全体の取り組みに加えて、オンラインの安全性についての方針（safety policy）とその実施手順も重要である（UK Safer Internet Centre, 2018 [113]）。イギリスの調査結果によると、オンラインの安全性に関する方針のない学校はわずか5％だった。しかし、方針のある学校でも、生徒は必ずしもこの情報を十分に得ておらず、方針のあることを知っている生徒は74％のみだった。そしてオンラインの安全方針を書き出すことのできた生徒はほとんどいなかった（Ofsted, 2014 [112]）。このよう

な状況をふまえると、子どもの話に耳を傾けて、かれらをオンラインのセイフティポリシーの策定に参加させることが重要である。なぜなら、子どもたちこそオンラインで遭遇する新しいリスクが何なのかを最もよく知っているからである。

　効果的な方針と手順は、生徒と教職員のどちらにとっても責任があり安全なインターネットの使用を促進する（たとえば、子どもはネット上で安全が脅かされた場合にどのように通報するかを知っている、学校は生徒の個人情報を安全に取り扱うなど）。良い方針は、単にアクセスを止めさせたり制限するのでなく、むしろ生徒のオンライン学習をサポートするように作られている。方針と手順は、最新のものでなければならず、いじめ撲滅・行為規範・安全保護のような既存の他の方針とも統合されるべきである（UK Safer Internet Centre, 2018 [113]）。

　サイバーいじめを防ぐ方針とルールは伝統的ないじめと別物ではなく、その文脈のなかで考えられるべきである。多くの研究が、伝統的ないじめとサイバーいじめの間に強い相関関係を示している（Livingstone, Stoilova and Kelly, 2016 [114]；Baldry, Farrington and Sorrentino, 2015 [115]）。したがって、伝統的ないじめに取り組んでうまくいった介入方法は、サイバーいじめも減らすことができるであろう（Livingstone, Stoilova and Kelly, 2016 [114]）。いじめに対する効果的な方針は、どんな行動がネット上や学校で認められ、どんな行動が認められないか、またこれらのルールを破ったときにはどんな結果になるかを明快に記述している（StopBullying, 2017 [116]）。

カリキュラムにおけるオンラインの安全性

　学校のカリキュラムのなかにオンラインの安全性の問題を入れることは、子どもがICTの安全で責任あるユーザーになるのを助ける（Hinduja and Patchin, 2018 [117]）。イギリスで行われたある調査では、中学生の25％が「オンラインの安全性について過去12か月の間に指導を受けたかどうか」を思い出せなかった（UK Safer Internet Centre, 2015 [118]）。大半の学校は、オンラインの安全性の教育を行うのに集会とICTの授業を使っていたが、そこではデジタル機器の技能を教えること、またオンラインの安全性のメッセージを一方通行で与えることに主眼があり、双方向でダイナミックな教え方はされていなかった（Harrison-Evans and Krasodomski-Jones, 2017 [119]）。

　評価を行ったエビデンスがないので、このような方略が建設的で安全なオンラインの行動をサポートする上でどれくらい効果があるかははっきりしない。さらに、学校は子どもたちにデジタル市民としての責任感を教えることにもっと集中すべきだ、という考えが広がってきている。道徳的倫理的に敏感な子どもたちは建設的なオンライン行動に取り組む傾向があるが、一方、道徳的な感受性の低い子どもたちには、この逆の傾向がみられる（Harrison-Evans and Krasodomski-Jones, 2017 [119]）。ピア・サポートプログラムやメンター制度もまた、学校でのオンラインの安全性を強化するのに効果的

第4章

であろう。11～16歳の78％は、「若者にはもっとやさしいオンライン・コミュニティを作る力がある」と信じている（UK SaferInternet Centre, 2015 [118]）。

　青年および10代未満の児童に対しては、性的なメッセージのやりとりやネット上の他の性的な情報が招くリスクへの警告を、オンラインの安全性に関するメッセージに含めるべきである。たとえば、ネットでの「性的メッセージのやりとり」に関する教育は、学校の「性と人間関係についての教育プログラム」のなかに含めることができる。ただし社会的なリスク（たとえば、画像が流布すると仲間への攻撃や中傷の的になるなど）を強調しすぎると、スラット・シェイミング（slut-shaming）[*7]や被害者を責める行為に加担させてしまうかもしれない。一方、教育と職業の機会へのリスク（たとえば画像が出回って就学や就職の機会を排除される）に焦点を当てすぎると、不必要な不安を醸成するかもしれない。というのは、そのような画像が公共のウェブサイトにアップロードされるのはめったにないことだからである（Hasinoff, 2012 [120]）。むしろ、教育の場では、子どもたちには他者の身になって考えることと、デジタル上のプライバシー保護について教えるという、被害を減らす方略に焦点を当てるべきである。これには、たとえば、セクシーな自撮り画像が出回ることの功罪についてクラスで討論するというようなことも含まれるだろう。

　子どもたちが、「性的なリスク」と「信頼・信用」の間をどうやって適切に舵取りすればよいのかを知っていれば、ネット上の性的暴力行為（たとえば誰かの性的な画像を許可なしに流すこと）に巻き込まれることはないだろう（Hasinoff, 2016 [121]）。

学校と家庭とのコミュニケーション

　オンラインの安全性についての教育は家庭でも継続して行うことが重要である。子どもたちは、これまでにないほど幼い年齢でネットに向かっているので、親や養育者はICTについて子どもに教育するのにいっそう重要な役割を果たす（Duerager and Livingstone, 2012 [122]）。家庭での効果的な取り組みは、子どもがオンラインのリスクによる害を被ったり、「極度のインターネット・ユーザー」になったりする可能性を減らすことになる（Anderson, Steen and Stavropoulos, 2016 [123]；Livingstone and Smith, 2014 [124]）。

　したがって、学校にとって、子どもと同様に親や養育者を教育することは非常に重要である。コミュニケーションスキルあるいはデジタルスキルをもっていない親は、安全性に関係する事件（たとえばサイバーいじめ）があったときに、子どもから携帯電話を取り上げることで対応するかもしれない。これは短期的には効果的なようにみえるが、将来、仮に子どもが被害を受けたときに親に助けを

訳注＊7. 偏見から、女性の性行動を非難しておとしめる行為。

求めることを妨げてしまう（Fenaughty and Harré, 2013 [125]）。学校は家庭との関係を進展させることで、安全なコミュニティを築くことができる。

　ICTはまた、親と教員のコミュニケーションを改善する道具としても使われうる（Choi, 2018 [126]）。オンライン・プラットフォームを通して、親は子どもの学校での出席状態・成績・行動について情報を得ることができる。このような例としては、欠席した授業数を伝えることで子どもの学習にかかわるよう示唆する親へのテキスト・メッセージ、生徒へのキャリアガイダンスや大学入学への関係情報の提供、あるいは生徒の自分自身・仲間・学校への前向きな態度の発達を支援する「心の置き方メッセージ」の発信などがある。これらは、良い結果を生む低コストで効果的な介入である（Escueta et al., 2017 [127]）。教員たちと校長は、ICT（テキスト・メッセージ、プラットフォーム、SNS）の使用で、両親が自分たちの子どもの学業関連情報とニュースを入手したことを効率よく確かめられる。特に両親が離婚していて互いのコミュニケーションを渋る場合に、確実に情報を伝達する手段として有効である。

仲間の役割

　親と教員に援助を求めることとは別に、子どもたちはサポートが必要なときには子ども同士でお互いに向い合う。しかし仲間が仲介することの効果についてはほとんど研究されないままである（Livingstone et al., 2011 [128]）。ヨーロッパの9〜16歳のおよそ44％は、インターネットの安全性についてのアドバイスを仲間から受け取っていると報告した（比較すると、親からのアドバイスは63％、教員からは53％である）。また、35％はアドバイスを友達にしている。実際的な仲間の仲介はもっとよくあることのようである。オンラインで困ったときや、何かをオンラインで見つけたいときに、64％が仲間からの援助を得ている（Livingstone et al., 2011 [128]）。

　仲間の仲介は、子どものデジタル・リテラシーとオンラインで参加する活動のタイプにプラスの影響を与えることができる。子どもはネット上の新しい機会について、主に仲間を通じて学ぶ。しかし、創造的なオンライン活動に参加するかどうかは、仲間のサポートよりも、むしろ子どもの個人的な優先度によるようである（Dinh et al., 2016 [129]）。

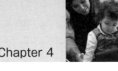

コラム4.3

インターネットの安全性のヘルプライン

　匿名のサポートを求める子どもは、国のヘルプラインに接触することが可能である。31か国が加入するインセーフ・ネットワーク（Insafe network）のなかで、ヘルプラインは子どもに（またそれより少ないが親と教育者にも）、オンラインの安全性についての情報・アドバイス・感情面のサポートを提供している。多くのヘルプラインは、多様な手段、たとえば電話、Eメール、スカイプ、チャットルーム、ネットを通じてアクセス可能である（Dinh et al., 2016 [129]）。

　2017年の最後の3か月間に、1万809人がヘルプラインにアクセスしたが、そのうち69％が10代だった。ヘルプラインにアクセスした理由は、サイバーいじめ（16％）、人間関係/セクシュアリティの問題（11％）、性的情報の流出（8％）、プライバシーの侵害（7％）、過度の使用（6％）であった（Better Internet for Kids, 2018 [130]）。インターネットの安全性のヘルプラインは、インターネット使用についての親、教員あるいは仲間による仲介に取って代わるものではない。むしろ、直接的なサポートの最初の接触点と考えるべきである。

出典：Hooft Graafland, J. (2018), "New technologies and 21st century children: Recent trends and outcomes", *OECD Education Working Papers*, No. 179, OECD Publishing, Paris, https://dx.doi.org/10.1787/e071a505-en.

政策の立案

　デジタルの世界で子どもを保護しつつエンパワーする政策を立案することには困難が多い。本節では、各種の規制戦略、および効果的な政策の特徴と勧告について概要をまとめる。また、ここで論じられるのは、「子どものオンライン生活に関するエビデンスの空白部分」についてである。これが、リスクに対処し、すべての子どもに恩恵を最大限与えるような政策の立案を困難にしているのである（その議論全体についてはHooft Graafland, 2018 [3] を参照）。

規制の戦略

　OECDの科学技術産業局は「子どものオンラインの保護に関する審議会勧告」（Recommendation of the Council on the Protection of Children Online）を改訂しアップデートした[3]。この勧告には、すべての教育関係者に向けた、インターネット環境を児童青少年にとってもっと安全なものにし、かれらを責任あるデジタル市民に育成するための原則が含まれている。

オンラインとオフラインの両方に存在する多くのリスクに対しては、現存の法律および規制が適用でき、追加法の必要がない場合も多い。このようなリスクに対して、ほとんどの国では、オフラインで違法であることは同様にオンラインでも違法になるよう、一般法を強化している。たとえば、現在では大多数の国が、子どもに不適切な内容に関する国の規制を、インターネットについても適用するかたちで更新している。

他のケースでは、各国は新しい法律をあえて採択している。フランスでは2007年に、ハッピー・スラッピング（happy slapping）[4]を犯罪とする新しい法律が施行された。アメリカではオンライン詐欺目的で使われるドメイン名に関する法律が2003年に採択された。オーストラリア、フランス、アイルランド、日本、ニュージーランド、ノルウェー、イギリスでは、サイバー・グルーミング（cyber-glooming）[*8]に関する規制が出された。たとえば、日本では、オンラインの出会い系サイトを通じて未成年者とのデートを手配することは今では違法である。

オンラインの子どもたちを保護するための政府の直接的な規制に代わるものとして、自己規制および共同規制あるいは技術的な措置の使用がある。自己規制および共同規制の措置は、検索エンジンのオペレータやソーシャルメディア企業のような市場のアクターの行動に影響を与え、これらの人々は、行動規範・最良の実践・産業ガイドライン等を通じて社会的な責任を自発的に示している。たとえばSNSは、アクセス可能な「不正使用レポート」ボタンを導入したり、ユーザーアカウントを作るのに年齢制限を設けたり、デフォルトのプライバシー設定を改良したりすることで、オンラインの子どもの安全に寄与している。

技術的な措置には、フィルタリング（いくつかのリスクから子どもを遠ざける）、年齢証明や本人確認証明のシステム（子どもが特定のウェブサイトを使うのを防ぐ）、ウォールドガーデン（walled gardens）[5]などがある。他の対策ツールには、オンラインのリスクと機会にスポットを当てる啓発キャンペーンがあり、子どもに良質の内容を提供している。インターネット・リテラシーはまた、国レベルの教育システムに次第に取り入れられるようになっている（OECD, 2011 [131]）。

成功した政策の共通の特徴

子どもをオンラインの害から守ることの他に、政策立案者は、子どものデジタルスキルの発達もサポートしなければならない。ユネスコ（UNESCO, 2018 [132]）は、デジタルスキルについての5つ

---

3. https://legalinstruments.oecd.org/en/instruments/OECD-LEGAL-0389.
4. 暴力行為を撮影しオンラインで流布すること、その多くは若者が行っている。
5. インターネットのプラットフォーム上に、子どもだけが使える安全ゾーンを作ること。
訳注＊8. 性的な目的で年少者をオンラインで誘い、警戒心を解きながら手なづけること。

第4章

の国際研究を比較して、子どものスキル発達を成功に導く環境をつくるのに必要な2つの政策タイプを特定した。政策立案者が注目すべき政策の第1は、部門を設けずにデジタル環境をサポートする政策、第2は、教育関連部門の政策である。部門を設けない政策の成功例には、1）技術面のインフラの改善、2）企業のデジタル化、3）オンラインのコンテンツの豊かさに関するものが含まれる。

　1）の技術面のインフラとは、物理的なインフラと通信ネットワーク（たとえば、アクセスのコスト・質・速さ）などを指し、これはデジタルスキルの発達に不可欠のものである。2）の企業のデジタル化もまた、スキルの発達に寄与する。というのは、教育システムは労働市場の要求に合うように指導の内容と方法を変える傾向があるからである。実業の世界がデジタルスキルをより強く要求すれば、生徒たちが学校でこのスキルを発達させる可能性は強くなる。3）のオンライン・コンテンツの豊かさは、デジタルスキルの発達の推進力になりうるだろう。大きな言語共同体（たとえば、フランス、ドイツ、スペイン、イギリス、アメリカ）では、小さな言語共同体（たとえば、チェコ、ギリシャ、スロベニア）と比べると、子どもが自分の地域言語で入手できる良質のオンライン・コンテンツが多い（Livingstone and Haddon, 2009 [133]）。こうした子どもたちは、ネットワークにアクセスする機会が多く、デジタルスキルにより優れている傾向がある（UNESCO, 2018 [132]）。

　一方、教育関連部門が子どものデジタルスキルの発達を推進する政策には、1）学校へのICTの整備、2）教員の研修、3）学校のカリキュラムへのICT導入によるサポート等がある。韓国とシンガポールは、教育政策が生徒のデジタルスキルのレベルアップをはかることのできた良い例である。韓国の成長戦略には、2009年から教育をデジタル化するための、いわゆる「スマート教育への取り組み」（Smart Education Initiative）の大規模な投資が含まれている。1997年以来、シンガポールには、子どものデジタルスキルの向上に関する教育政策を反映した「ICTの教育マスタープラン」がある。他の国も子どもに基本的な技術を教える以上の政策を採用している。たとえば、イギリスでは、今ではプログラミング（coding）が義務教育内容の一部になっている。デンマークの生徒は、学校の試験のいくつかにインターネットを使う。その目的は学習内容を暗記するのではなく、内容をどのように処理し、批判的に評価するかを子どもに教えることにある。ノルウェーでは、生徒は全員、全国共通デジタルスキル評価テストを受けなければならない（UNESCO, 2018 [132]）。

政策の立案のために考慮すべきこと

　子どもたちがたとえ大人よりもICTをよく理解しているように見えるとしても、かれらがICTをどのように責任をもって建設的に使うかにはガイダンスが必要である。次のメッセージは政策の立案の際に考慮すべき重要な点である（Hooft Graafland, 2018 [3]）。

　●オンラインの安全性の問題を理解してICTを使うことのできる大人ほど、子どものデジタル機器の

使用をうまくガイドできている。したがって、親や教員が、オンラインの安全性についての情報を受けとること、およびオンラインのリスクに子どもが対処するのを支援する方法への助言を得ることは非常に重要である（Livingstone, Davidson and Bryce, 2017 [134]）。

●子どもは、単なる情報の受け手でなく、コンテンツを創る人になるよう励まされる必要がある（Livingstone, Davidson and Bryce, 2017 [134]）。インターネットは創造性と市民参加の機会を豊富に提供する。しかし、子どものわずか20％しかこの利点を活かしていないとの知見もある（Byrne and et al, 2016 [135]）。多くの子どもはいまだに、オンラインでビデオクリップを見たり音楽を聴いたりといった、既成の大量生産のコンテンツの受信にしかインターネットを使っていない。

●実証的研究が示すのは、子どもの社会経済的な状況とかれらのデジタルスキルのレベルは関連しており、より恵まれた環境の子どもほどデジタルスキルが高いということである。この不平等を克服し、恵まれない環境の子どもたちがデジタルの世界で成功するのに必要なサポートとガイダンスを確実に受けられるように、特段の努力が払われなければならない（Hatlevik, Guðmundsdóttir and Loi, 2015 [136] ; Hooft Graafland, 2018 [3]）。

●子どもたちはデジタルメディアの最も頻度の高いユーザーであり、オンラインで経験する新しいリスクが何かを最もよく知っている。政策立案者と教育実践者は、したがって、積極的に子どもの声に耳を傾けるべきで、特に「ICTの責任ある使い方」について見直されている今こそ、かれらを関与させるべきである（Third and et al, 2014 [137]）。

●共通の困難や課題に対する政策的解決は、しっかりとしたエビデンスに基づかなければならない。自明のようにみえたとしても、必ずしもそれがそうだとは限らない。とりわけ、「ICTは子どもに有害だ」という昨今の不安に関して、それが言える。政策立案者は量的および質的な研究を奨励すべきである。というのは、「新技術が子どもの行動と発達に与える影響」に関する主張を支持するには、エビデンスは決定的に重要だからである（Byrne and Burton, 2017 [138]）。

結　論

　デジタル技術が学校で果たし得る、また果たすべき役割については、さまざまに異なる見解があるが、デジタルツールが学校の外の世界をどれほど根本的に変えたか、ということは無視できない。デジタル世界の各シーンをうまく舵取りできない人は、もはや社会的・経済的・文化的な生活に十分参加することができない。ICTはしたがって、生徒にとっては成功に必要な21世紀のスキルを獲得す

第4章

るうえで、また教員にとっては21世紀の教え方を支える学習環境を提供するうえで、重要な役割を果たす。

「デジタル技術によって、教員は余剰人員とされるだろう」といった主張には、概して根拠がない。教えることの中核は、常に関係性のなかにある。そして、教えることは、最も永続的な社会活動のひとつと言えよう。したがって、学ぶ者を育て支えることのできる人へのニーズは減るどころかますます高まることだろう。伝統的な学校を構成していた教育内容・認証評価・教え方を、デジタル化が解体に導くにしたがって、教師の仕事のなかの主要な識別者[*9]としての価値は、必ず高まるだろう。

デジタル時代には、今日の教育内容は、明日は誰も入手できる日用品になるだろう。教育履歴の評価認定は依然として教育機関に巨大な力を与えている。しかし、雇用主が特定の知識やスキルの妥当性を直接確認できる時代に、個々のスキルや学習履歴に対して単位を出すことは、果たして認証上どんな意味をもつというのだろう？ 結局のところ、教え方の質こそが、現代の教育機関での最も価値のある資源であり資産ということになろう。

それでも、他の多くの職業と同様に、デジタル技術は、現在教員が担っている仕事の多くを行うのに使われることだろう。たとえ、教えることがデジタル化されたり外部委託されたりすることがなくても、教えることから貴重な時間を奪っている日常の定形的な管理事務や技術指導の作業はすでにデジタル技術に取って代わられつつある。ICTは教員の役割を、「受け取った知識を分かち伝えること」から、「コーチ、メンター、評価者のような知識の協働創造者として働くこと」にまで高めることができる。また今日すでに、自動制御可能なデジタル学習システムは、個人の学習スタイルに合わせて適用することが可能となっている。

情報通信技術（ICT）は、したがって、子どもの学習方法を変えつつある。学校のみならず、乳幼児期の教育機関でも、ICTを学習環境に取り入れる方法をさぐっている。しかし、教育機関でのICTの利用可能性をさぐることは、この変化のなかのひとつの側面でしかない。ICTの効果的使用を確保するには、教育システムを構築する側がカリキュラムを見直す必要があり、教員も自分の教え方のスタイルを見直す必要がある。子どものデジタルスキルの発達を育む教育政策は、学校にICTを装備し、教員を訓練し、学校のカリキュラムをサポートするような政策である。

また同時に、21世紀の子どもたちの生活のいたるところにICTがあるので、サイバーいじめ、フィッシング詐欺、不適切なオンライン素材やポルノグラフィへのアクセス、未知の年長者からのグ

訳注＊9. 識別者（differentiator）とは、差異化する者、すなわち個人やグループ、事物の特性や違いを丁寧に見分けて対応し、また適切に評価する者の意味と思われる。

ルーミング（手なづけ）など、ICTの使用に伴うリスクから子どもを守る努力が一致してなされなければならない。そのうえで、親も教育者も、ICTの使用がもたらす恩恵の可能性、たとえば、ICTを通した交友関係の形成と維持、21世紀の労働市場に対応するデジタルスキルの開発、ほぼ無限の情報へのアクセスなどについても、心に留めておくべきである。

第4章

参考文献・資料

Afifi, T. et al. (2018), "WIRED: The impact of media and technology use on stress (cortisol) and inflammation (interleukin IL-6) in fast paced families", *Computers in Human Behavior*, Vol. 81, pp. 265-273, http://dx.doi.org/10.1016/j.chb.2017.12.010. [87]

Anderson, D. et al (2001), "Early childhood television viewing and adolescent behavior: the recontact study", *Monographs of the Society for Research in Child Development*, Vol. 66/1, pp. 1-47, http://www.ncbi.nlm.nih.gov/pubmed/11326591. [47]

Anderson, D. (1998), "Educational Television is not an Oxymoron", *The ANNALS of the American Academy of Political and Social Science*, Vol. 557/1, pp. 24-38, http://dx.doi.org/10.1177/0002716298557000003. [46]

Anderson, D. and T. Pempek (2005), "Television and Very Young Children", *American Behavioral Scientist*, Vol. 48/5, pp. 505-522, http://dx.doi.org/10.1177/0002764204271506. [54]

Anderson, D. and K. Subrahmanyam (2017), "Digital Screen Media and Cognitive Development on behalf of the Cognitive Impacts of Digital Media Workgroup", *Pediatrics*, Vol. 140/2, http://pediatrics.aappublications.org/content/pediatrics/140/Supplement_2/S57.full.pdf. [45]

Anderson, E., E. Steen and V. Stavropoulos (2016), "Internet use and Problematic Internet Use: a systematic review of longitudinal research trends in adolescence and emergent adulthood", *International Journal of Adolescence and Youth*, Vol. 22/4, pp. 430-454, http://dx.doi.org/10.1080/02673843.2016.1227716. [120]

Arora, T. et al. (2014), "Associations between specific technologies and adolescent sleep quantity, sleep quality, and parasomnias", *Sleep Medicine*, Vol. 15/2, pp. 240-247, http://dx.doi.org/10.1016/j.sleep.2013.08.799. [83]

Axford, C., A. Joosten and C. Harris (2018), "iPad applications that required a range of motor skills promoted motor coordination in children commencing primary school", *Australian Occupational Therapy Journal*, Vol. 65/2, pp. 146-155, http://dx.doi.org/10.1111/1440-1630.12450. [100]

Baldry, A., D. Farrington and A. Sorrentino (2015), ""Am I at risk of cyberbullying"? A narrative review and conceptual framework for research on risk of cyberbullying and cybervictimization: The risk and needs assessment approach", *Aggression and Violent Behavior*, Vol. 23, pp. 36-51, http://dx.doi.org/10.1016/j.avb.2015.05.014. [112]

Baranowski, T. et al. (2012), "Impact of an Active Video Game on Healthy Children's Physical Activity", *PEDIATRICS*, Vol. 129/3, pp. e636-e642, http://dx.doi.org/10.1542/peds.2011-2050. [101]

Barkovich, T. (1988), "Normal maturation of the neonatal and infant brain: MR imaging at 1.5 T.", *Radiology*, Vol. 166/1, pp. 173-180, http://dx.doi.org/10.1148/radiology.166.1.3336675. [20]

Barr, R. et al. (2008), "Infants' Attention and Responsiveness to Television Increases With Prior Exposure and Parental Interaction", *Infancy*, Vol. 13/1, pp. 30-56, http://dx.doi.org/10.1080/15250000701779378. [40]

Bavelier, D., C. Green and M. Dye (2010), "Children, wired: For better and for worse", *Neuron*, Vol. 67/5, pp. 692-701, http://dx.doi.org/10.1016/J.NEURON.2010.08.035. [16]

Bellissimo, N. et al. (2007), "Effect of Television Viewing at Mealtime on Food Intake After a [92]

第4章

Glucose Preload in Boys", *Pediatric Research*, Vol. 61/6, pp. 745-749, http://dx.doi.org/10.1203/pdr.0b013e3180536591.

Bergmann, J. and A. Sams (2012), *Flip Your Classroom: Reach Every Student in Every Class Every Day*, International Society for Technology in Education, https://www.liceopalmieri.edu.it/wp-content/uploads/2016/11/Flip-Your-Classroom.pdf (accessed on 9 August 2018). [7]

Better Internet for Kids (2018), *Latest helpline trends: Quarter 4*, http://www.betterinternetforkids.eu/web/portal/practice/helplines/detail?articleId=2942283 (accessed on 25 June 2018). [127]

Bliss, T. and R. Schoepfer (2004), "Neuroscience: controlling the ups and downs of synaptic strength", *Science*, Vol. 304/5673, pp. 973-974, http://dx.doi.org/10.1126/science.1098805. [21]

Bonetti, L., M. Campbell and L. Gilmore (2010), "The Relationship of Loneliness and Social Anxiety with Children's and Adolescents' Online Communication", *Cyberpsychology, Behavior, and Social Networking*, Vol. 13/3, pp. 279-285, http://dx.doi.org/10.1089/cyber.2009.0215. [73]

Boniel-Nissim, M. et al. (2014), "Supportive communication with parents moderates the negative effects of electronic media use on life satisfaction during adolescence", *International Journal of Public Health*, Vol. 60/2, pp. 189-198, http://dx.doi.org/10.1007/s00038-014-0636-9. [77]

Brainard, G. and J. Hanifin (2002), "Action Spectrum for Melatonin Suppression: Evidence for a Novel Circadian Photoreceptor in the Human Eye", in *Biologic Effects of Light 2001*, Springer US, Boston, MA, http://dx.doi.org/10.1007/978-1-4615-0937-0_45. [79]

Brody, J. (2015), "Screen Addiction Is Taking a Toll on Children", *New York Times*, https://well.blogs.nytimes.com/2015/07/06/screen-addiction-is-taking-a-toll-on-children/?_r=0. [4]

Bulman, G. and R. Farlie (2016), "Technology and education: Computers, software, and the Internet", in *Handbook of Economics of Education, Vol. 5*, http://dx.doi.org/10.1016/B978-0-444-63459-7.00005-1. [10]

Byrne, J. and P. Burton (2017), "Children as Internet users: how can evidence better inform policy debate?", *Journal of Cyber Policy*, Vol. 2/1, pp. 39-52, http://dx.doi.org/10.1080/23738871.2017.1291698. [135]

Byrne, J. and et al (2016), *Global Kids Online Research synthesis, 2015-2016*, UNICEF Office of Research– Innocenti and London School of Economics and Political Science, http://eprints.lse.ac.uk/67965/7/Global%20Kids%20Online_Synthesis%20report_2016.pdf. [132]

Canadian Paediatric Society, Digital Health Task Force, Ottawa, Ontario (2017), "Screen time and young children: Promoting health and development in a digital world", *Paediatrics & Child Health*, Vol. 22/8, pp. 461-468, http://dx.doi.org/10.1093/pch/pxx123. [42]

Center on the Developing Child (2009), *Five Numbers to Remember About Early Childhood Development*, http://www.developingchild.harvard.edu. [23]

Certain, L. and R. Kahn (2002), "Prevalence, correlates, and trajectory of television viewing among infants and toddlers", *Pediatrics*, Vol. 109/4, pp. 634-42, http://www.ncbi.nlm.nih.gov/pubmed/11927708. [43]

Choi, A. (2018), "Emotional well-being of children and adolescents: Recent trends and relevant factors", *OECD Education Working Papers*, No. 169, OECD Publishing, Paris, https://dx.doi. [123]

Chapter 4 子ども・テクノロジー・教えること

第4章

org/10.1787/41576fb2-en.

Ciccarelli, M. (2015), "Managing children's postural risk when using mobile technology at home: Challenges and strategies", *Applied Ergonomics*, Vol. 51, pp. 189-198, http://dx.doi.org/10.1016/J.APERGO.2015.04.003. [103]

Crone, E. and E. Konjin (2018), "Media use and brain development during adolescence", *Nature Communications*, Vol. 9/1, p. 588, http://dx.doi.org/10.1038/s41467-018-03126-x. [24]

Davidson, R. and W. Irwin (1999), "The functional neuroanatomy of emotion and affective style", *Trends in Cognitive Sciences*, Vol. 3/1, pp. 11-21, http://dx.doi.org/10.1016/s1364-6613 (98) 01265-0. [88]

Dinh, T. et al. (2016), *Insafe Helplines: Operations, effectiveness and emerging issues for internet safety helplines*, Insafe, European Schoolnet, http://www.betterinternetforkids.eu/documents/167024/507884/Helpline+Fund+Report+-+Final/4cf8f03a-3a48-4365-af76-f03e01cb505d. [126]

Duerager, A. and S. Livingstone (2012), *How can parents support children's internet safety?*, http://www.lse.ac.uk/media%40lse/research/EUKidsOnline/EU%20Kids%20III/Reports/ParentalMediation.pdf (accessed on 30 March 2018). [119]

Duggan, M. and A. Smith (2014), *Social Media Update*, Pew Research Center, http://www.pewinternet.org/2013/12/30/social-media-update-2013/. [66]

Durkee, T. (2012), "Prevalence of pathological internet use among adolescents in Europe: demographic and social factors", *Addiction*, Vol. 107/12, pp. 2210-2222, http://dx.doi.org/10.1111/j.1360-0443.2012.03946.x. [14]

Escueta, M. et al. (2017), *Education Technology: An Evidence-Based Review*, National Bureau of Economic Research , Cambridge, MA, http://dx.doi.org/10.3386/w23744. [124]

Evans Schmidt, M. and D. Anderson (2009), "The impact of television on cognitive development and educational achievement", in *Children and Television: Fifty years of research*, Erlbaum, Mahwah, NJ. [37]

Fairlie, R. and A. Kalil (2017), "The effects of computers on children's social development and school participation: Evidence from a randomized control experiment", *Economics of Education Review*, Vol. 57, pp. 10-19, http://dx.doi.org/10.1016/j.econedurev.2017.01.001. [76]

Falck, O., C. Mang and L. Woessman (2018), "Virtually no effect? Different uses of classroom computers and their effects on student achievement", *Oxford Bulletin of Economics and Statistics*, Vol. 80/1, pp. 1-38, http://dx.doi.org/10.1111/obes.12192. [11]

Fenaughty, J. and N. Harre (2013), "Factors associated with distressing electronic harassment and cyberbullying", *Computers in Human Behavior*, Vol. 29/3, pp. 803-811, http://dx.doi.org/10.1016/j.chb.2012.11.008. [122]

Figueiro, M. and D. Overington (2016), "Self-luminous devices and melatonin suppression in adolescents", *Lighting Research & Technology*, Vol. 48/8, pp. 966-975, http://dx.doi.org/10.1177/1477153515584979. [81]

Foster, E. and S. Watkins (2010), "The Value of Reanalysis: TV Viewing and Attention Problems", [34]

Child Development, Vol. 81/1, pp. 368-375, http://dx.doi.org/10.1111/j.1467-8624.2009.01400.x.

Franceschini, S. et al. (2017), "Action video games improve reading abilities and visual-to-auditory attentional shifting in English-speaking children with dyslexia", *Scientific Reports*, Vol. 7/1, http://dx.doi.org/10.1038/s41598-017-05826-8.　[59]

Fuhrmann, D., L. Knoll and S. Blakemore (2015), "Adolescence as a Sensitive Period of Brain Development", *Trends in Cognitive Sciences*, Vol. 19/10, pp. 558-566, http://dx.doi.org/10.1016/J.TICS.2015.07.008.　[29]

Gao, Z. et al. (2015), "A meta-analysis of active video games on health outcomes among children and adolescents", *Obesity Reviews*, Vol. 16/9, pp. 783-794, http://dx.doi.org/10.1111/obr.12287.　[99]

Gebremariam, M. et al. (2013), "Are screen-based sedentary behaviors longitudinally associated with dietary behaviors and leisure-time physical activity in the transition into adolescence?", *International Journal of Behavioral Nutrition and Physical Activity*, Vol. 10/1, p. 9, http://dx.doi.org/10.1186/1479-5868-10-9.　[94]

Glover, G. (2011), "Overview of functional magnetic resonance imaging", *Neurosurgery clinics of North America*, Vol. 22/2, pp. 133-139, http://dx.doi.org/10.1016/j.nec.2010.11.001.　[30]

Gottschalk, F. (2019), "Impacts of technology use on children: Exploring literature on the brain, cognition and well-being", *OECD Education Working Papers*, No. 195, OECD Publishing, Paris, https://dx.doi.org/10.1787/8296464e-en.　[6]

Granic, I., A. Lobel and R. Engels (2014), "The benefits of playing video games.", *American Psychologist*, Vol. 69/1, pp. 66-78, http://dx.doi.org/10.1037/a0034857.　[56]

Hale, L. and S. Guan (2015), "Screen time and sleep among school-aged children and adolescents: A systematic literature review", *Sleep Medicine Reviews*, Vol. 21, pp. 50-58, http://dx.doi.org/10.1016/j.smrv.2014.07.007.　[82]

Harris, C. (2015), "Children, computer exposure and musculoskeletal outcomes: the development of pathway models for school and home computer-related musculoskeletal outcomes", *Ergonomics*, Vol. 58/10, pp. 1611-1623, http://dx.doi.org/10.1080/00140139.2015.1035762.　[105]

Harrison-Evans, P. and A. Krasodomski-Jones (2017), *The Moral Web: Youth Character, Ethics and Behaviour*, https://www.demos.co.uk/project/the-moral-web/ (accessed on 15 May 2018).　[116]

Hasinoff, A. (2016), *Tips for parents and educators*, https://amyhasinoff.wordpress.com/tips-for-parents-educators/ (accessed on 17 May 2018).　[118]

Hasinoff, A. (2012), "Sexting as media production: Rethinking social media and sexuality", *New Media & Society*, Vol. 15/4, pp. 449-465, http://dx.doi.org/10.1177/1461444812459171.　[117]

Hatlevik, O., G. Gudmundsdottir and M. Loi (2015), "Digital diversity among upper secondary students: A multilevel analysis of the relationship between cultural capital, self-efficacy, strategic use of information and digital competence", *Computers & Education*, Vol. 81, pp. 345-353, http://dx.doi.org/10.1016/j.compedu.2014.10.019.　[133]

Hattie, J. and G. Yates (2013), *Visible Learning and the Science of How We Learn*, Routledge, London.　[8]

Haughton, C., M. Aiken and C. Cheevers (2015), "Cyber Babies: The Impact of Emerging Technology on the Developing Infant", *Psychology Research*, Vol. 5/9, pp. 504-518, http://dx.doi.

第4章

org/10.17265/2159-5542/2015.09.002.

Hinduja, S. and J. Patchin (2018), *Cyberbullying fact sheet: Identification, Prevention, and Response*, https://cyberbullying.org/Cyberbullying-Identification-Prevention-Response-2018.pdf (accessed on 16 May 2018). [114]

Hooft Graafland, J. (2018), "New technologies and 21st century children: Recent trends and outcomes", OECD Education Working Papers, No. 179, *OECD Publishing, Paris*, https://dx.doi.org/10.1787/e071a505-en. [3]

Hopkins, L., F. Brookes and J. Green (2013), "Books, bytes and brains: The implications of new knowledge for children's early literacy learning", *Australasian Journal of Early Childhood*, Vol. 38/1, pp. 23-28, https://search.informit.com.au/documentSummary;dn=266659007690976;res=IELHSS. [5]

Irwin, L., A. Siddiqi and C. Hertzman (2007), *Early Child Development : A Powerful Equalizer Final Report*, World Health Organization's Commission on the Social Determinants of Health. [27]

Jacobs, K. and N. Baker (2002), "The association between children's computer use and musculoskeletal discomfort", *Work*, Vol. 18/3, pp. 221-226. [102]

Juster, R., B. McEwen and S. Lupien (2010), "Allostatic load biomarkers of chronic stress and impact on health and cognition", *Neuroscience & Biobehavioral Reviews*, Vol. 35/1, pp. 2-16, http://dx.doi.org/10.1016/j.neubiorev.2009.10.002. [86]

Kardfelt-Winther, D. (2017), "How does the time children spend using digital technology impact their mental well-being, social relationships and physical activity? An evidence-focused literature review", *Innocenti Discussion Paper 2017-02*, UNICEF Office of Research – Innocenti, Florence, https://www.unicef-irc.org/publications/pdf/Children-digital-technologywellbeing.pdf. [63]

Kaveri Subrahmanyam and Patricia Greenfield (2008), "Online Communication and Adolescent Relationships", *The Future of Children*, Vol. 18/1, pp. 119-146, http://dx.doi.org/10.1353/foc.0.0006. [107]

Kostyrka-Allchorne, K., N. Cooper and A. Simpson (2017), "The relationship between television exposure and children's cognition and behaviour: A systematic review", *Developmental Review*, Vol. 44, pp. 19-58, http://dx.doi.org/10.1016/j.dr.2016.12.002. [53]

Kraut, R. et al (1998), "Internet paradox. A social technology that reduces social involvement and psychological well-being?", *The American Psychologist*, Vol. 53/9, pp. 1017-1031, http://www.ncbi.nlm.nih.gov/pubmed/9841579. [71]

Kuhl, P., F. Tsao and H. Liu (2003), "Foreign-language experience in infancy: Effects of short-term exposure and social interaction on phonetic learning", *Proceedings of the National Academy of Sciences*, Vol. 100/15, pp. 9096-9101, http://dx.doi.org/10.1073/pnas.1532872100. [55]

Landhuis, C. (2007), "Does Childhood Television Viewing Lead to Attention Problems in Adolescence? Results From a Prospective Longitudinal Study", *Pediatrics*, Vol. 120/3, pp. 532-537, http://dx.doi.org/10.1542/peds.2007-0978. [32]

Lane, R. and L. Nadel (eds.) (2000), *A Second Chance for Emotions*, Oxford University Press, New York. [89]

第4章

Lee, E., J. Spence and V. Carson (2017), "Television viewing, reading, physical activity and brain development among young South Korean children", *Journal of Science and Medicine in Sport*, Vol. 20/7, pp. 672-677, http://dx.doi.org/10.1016/j.jsams.2016.11.014. [41]

Lenhart, A. (2015), *Teens, Technology and Friendships*, Pew Research Center, http://www.pewinternet.org/2015/08/06/teenstechnology-and-friendships/. [67]

Leung, L. (2007), "Stressful Life Events, Motives for Internet Use, and Social Support Among Digital Kids", *Cyber Psychology & Behavior*, Vol. 10/2, pp. 204-214, http://dx.doi.org/10.1089/cpb.2006.9967. [91]

Linebarger, D. and J. Piotrowski (2009), "TV as storyteller: How exposure to television narratives impacts at-risk preschoolers' story knowledge and narrative skills", *British Journal of Developmental Psychology*, Vol. 27/1, pp. 47-69, http://dx.doi.org/10.1348/026151008x400445. [51]

Linebarger, D. and S. Vaala (2010), "Screen media and language development in infants and toddlers: An ecological perspective", *Developmental Review*, Vol. 30/2, pp. 176-202, http://dx.doi.org/10.1016/j.dr.2010.03.006. [49]

Linebarger, D. and D. Walker (2005), "Infants' and Toddlers' Television Viewing and Language Outcomes", *American Behavioral Scientist*, Vol. 48/5, pp. 624-645, http://dx.doi.org/10.1177/0002764204271505. [50]

Livingstone, S., J. Davidson and J. Bryce (2017), *Children's online activities, risks and safety: A literature review by the UKCCIS Evidence Group*, UK Council for Children Internet Safety, London, https://assets.publishing.service.gov.uk/government/uploads/system/uploads/attachment_data/file/650933/Literature_Review_Final_October_2017.pdf. [131]

Livingstone, S. and L. Haddon (2009), "EU Kids Online: Final report", *EU Kids Online (EC Safer Internet Plus Programme Deliverable D6.5)*, LSE, London, http://uploadi.www.ris.org/editor/1273341021EUKidsOnlineFinalReport.pdf. [130]

Livingstone, S. et al. (2011), *Risks and safety on the internet: the perspective of European children: full findings and policy implications from the EU Kids Online survey of 9-16 year olds and their parents in 25 countries*, EU Kids Online, Deliverable D4. EU Kids Online Network, http://eprints.lse.ac.uk/33731/. [125]

Livingstone, S. and P. Smith (2014), "Annual Research Review: Harms experienced by child users of online and mobile technologies: the nature, prevalence and management of sexual and aggressive risks in the digital age", *Journal of Child Psychology and Psychiatry*, Vol. 55/6, pp. 635-654, http://dx.doi.org/10.1111/jcpp.12197. [121]

Livingstone, S., M. Stoilova and A. Kelly (2016), "Cyberbullying: incidence, trends and consequence", in *Ending the Torment: Tackling Bullying from the Schoolyard to Cyberspace*, United Nations Office of the Special Representative of the Secretary-General on Violence against Children, New York, http://eprints.lse.ac.uk/68079/. [111]

Logothetis, N. (2008), "What we can do and what we cannot do with fMRI", *Nature*, Vol. 453/7197, pp. 869-878, http://dx.doi.org/10.1038/nature06976. [31]

Luciana, M. (2013), "Adolescent brain development in normality and psychopathology", *Development* [25] *and Psychopathology*, Vol. 25/4pt2, pp. 1325-1345, http://dx.doi.org/10.1017/S0954579413000643.

Meshi, D., D. Tamir and H. Heekeren (2015), "The Emerging Neuroscience of Social Media", *Trends in Cognitive Sciences*, Vol. 19/12, pp. 771-782, http://dx.doi.org/10.1016/j.tics.2015.09.004.　[65]

Middaugh, E., L. Clark and P. Ballard (2017), "Digital Media, Participatory Politics, and Positive Youth Development", *Pediatrics*, Vol. 140/Supplement 2, pp. S127-S131, http://dx.doi.org/10.1542/peds.2016-1758q.　[108]

Miller, B. and R. Morris (2016), "Virtual Peer Effects in Social Learning Theory", *Crime & Delinquency*, Vol. 62/12, pp. 1543-1569, http://dx.doi.org/10.1177/0011128714526499.　[75]

Ministere des Solidarites et de la Sante (2018), *Carnet de Santé (health booklet)*, http://solidarites-sante.gouv.fr/IMG/pdf/carnet_de_sante-num-.pdf.　[17]

Murphy, S., P. Buckle and D. Stubbs (2004), "Classroom posture and self-reported back and neck pain in schoolchildren", *Applied Ergonomics*, Vol. 35/2, pp. 113-120, http://dx.doi.org/10.1016/J.APERGO.2004.01.001.　[106]

Neuman, S. (1988), "The Displacement Effect: Assessing the Relation between Television Viewing and Reading Performance", *Reading Research Quarterly*, Vol. 23/4, p. 414, http://dx.doi.org/10.2307/747641.　[93]

Norris, E., M. Hamer and E. Stamatakis (2016), "Active Video Games in Schools and Effects on Physical Activity and Health: A Systematic Review", *The Journal of Pediatrics*, Vol. 172, pp. 40-46.e5, http://dx.doi.org/10.1016/j.jpeds.2016.02.001.　[98]

OECD (2019), *Trends Shaping Education 2019*, OECD Publishing, Paris, https://dx.doi.org/10.1787/trends_edu-2019-en.　[13]

OECD (2018), *Children and Young People's Mental Health in the Digital Age: Shaping the Future*, http://www.oecd.org/els/health-systems/Children-and-Young-People-Mental-Health-in-the-Digital-Age.pdf.　[64]

OECD (2017), *PISA 2015 Results (Volume III): Students' Well-Being*, PISA, OECD Publishing, Paris, https://dx.doi.org/10.1787/9789264273856-en.　[1]

OECD (2015), *Students, Computers and Learning: Making the Connection*, PISA, OECD Publishing, Paris, https://dx.doi.org/10.1787/9789264239555-en.（『21世紀のICT学習環境：生徒・コンピュータ・学習を結び付ける』経済協力開発機構（OECD）編著、国立教育政策研究所監訳、明石書店、2016年）　[2]

OECD (2011), "The Protection of Children Online: Risks Faced by Children Online and Policies to Protect Them", *OECD Digital Economy Papers*, No. 179, OECD Publishing, Paris, https://dx.doi.org/10.1787/5kgcjf71pl28-en.　[128]

Ofcom (2019), *Children and Parents: Media Use and Attitudes Report 2018*, https://www.ofcom.org.uk/research-and-data/media-literacy-research/childrens/children-and-parents-media-use-and-attitudes-report-2018.　[15]

Ofsted (2014), *Inspecting e-safety in schools*, The Office for Standards in Education, Children's Services and Skills (Ofsted), http://dwn5wtkv5mp2x.cloudfront.net/downloads/resources/Ofsted_-_Inspecting_e-safety.pdf.　[109]

第4章

Orben, A. and A. Przylbylski (2019), "The association between adolescent well-being and digital technology use", *Nature Human Behavior*, Vol. 3/2, http://dx.doi.org/10.1038/s41562-018-0506-1. [19]

Paniagua, A. and D. Istance (2018), *Teachers as Designers of Learning Environments: The Importance of Innovative Pedagogies*, Educational Research and Innovation, OECD Publishing, Paris, https://dx.doi.org/10.1787/9789264085374-en. [9]

Parkes, A. (2013), "Do television and electronic games predict children's psychosocial adjustment? Longitudinal research using the UK Millennium Cohort Study", *Archives of Disease in Childhood*, Vol. 98/5880, pp. 341-8, http://dx.doi.org/10.1136/archdischild-2011-301508. [35]

Pasek, J. et al. (2006), "America's Youth and Community Engagement", *Communication Research*, Vol. 33/3, pp. 115-135, http://dx.doi.org/10.1177/0093650206287073. [97]

Pastalkova, E. (2006), "Storage of Spatial Information by the Maintenance Mechanism of LTP", *Science*, Vol. 313/5790, pp. 1141-1144, http://dx.doi.org/10.1126/science.1128657. [22]

Paus, T. (2005), "Mapping brain maturation and cognitive development during adolescence", *Trends in Cognitive Sciences*, Vol. 9/2, pp. 60-68, http://dx.doi.org/10.1016/J.TICS.2004.12.008. [26]

Petanjek, Z. (2011), "Extraordinary neoteny of synaptic spines in the human prefrontal cortex", *Proceedings of the National Academy of Sciences of the United States of America*, Vol. 108/32, pp. 13281-6, http://dx.doi.org/10.1073/pnas.1105108108. [28]

Pew Research Center (2018), *Teens, Social Media and Technology 2018*, http://www.pewinternet.org/2018/05/31/teenssocial-media-technology-2018/. [68]

Pujol, J. et al. (2016), "Video gaming in school children: How much is enough?", *Annals of Neurology*, Vol. 80/3, pp. 424-433, http://dx.doi.org/10.1002/ana.24745. [58]

Rideout, V. and E. Hamel (2006), *The Media Family: Electronic Media in the Lives of infants, Toddlers, Preschoolers and their Parents*, Kaiser Family Foundation, https://kaiserfamilyfoundation.files.wordpress.com/2013/01/zero-to-six-electronic-mediain-the-lives-of-infants-toddlers-and-preschoolers-pdf.pdf. [44]

Rodrigues, M. and F. Biagi (2017), *Digital Technologies and Learning Outcomes of Students from Low Socio-economic Background: An Analysis of PISA 2015*, Publications Office of the European Union, Luxembourg, http://dx.doi.org/10.2760/415251. [12]

Romer, D., Z. Bagdasarov and E. More (2013), "Older Versus Newer Media and the Well-being of United States Youth: Results From a National Longitudinal Panel", *Journal of Adolescent Health*, Vol. 52/5, pp. 613-619, http://dx.doi.org/10.1016/j.jadohealth.2012.11.012. [95]

Romer, D., K. Jamieson and J. Pasek (2009), "Building Social Capital in Young People: The Role of Mass Media and Life Outlook", *Political Communication*, Vol. 26/1, pp. 65-83, http://dx.doi.org/10.1080/10584600802622878. [96]

Rueda, M. et al (2005), "Training, maturation, and genetic influences on the development of executive attention", *PNAS*, Vol. 102/41, pp. 14931-14936, https://www.ncbi.nlm.nih.gov/pmc/articles/PMC1253585/pdf/pnas-0506897102.pdf. [38]

Schmidt, M. and D. Anderson (2007), "The impact of television on cognitive development and educational achievement", in Murray, N. and E. Wartella (eds.), *Children and television: 50* [48]

years of Research, Lawrence Erlbaum, Manwah, NJ.

Sherman, L. et al. (2016), "The Power of the Like in Adolescence", *Psychological Science*, Vol. 27/7, pp. 1027-1035, http://dx.doi.org/10.1177/0956797616645673.　[70]

Smahel, D. (2012), *Excessive internet use among European children Report Original citation: Excessive Internet Use among European Children*, London School of Economics & Political Science, http://eprints.lse.ac.uk/47344/1/Excessive%20internet%20use.pdf.　[62]

Stepanski, E. and J. Wyatt (2003), "Use of sleep hygiene in the treatment of insomnia", *Sleep Medicine Reviews*, Vol. 7/3, pp. 215-225.　[85]

StopBullying (2017), *Set Policies & Rules*, https://www.stopbullying.gov/prevention/at-school/rules/index.html (accessed on 23 May 2018).　[113]

Straker, L. (2017), "Mobile technology dominates school children's IT use in an advantaged school community and is associated with musculoskeletal and visual symptoms", *Ergonomics*, pp. 1-12, http://dx.doi.org/10.1080/00140139.2017.1401671.　[104]

Takeuchi, H. et al. (2013), "The Impact of Television Viewing on Brain Structures: Cross-Sectional and Longitudinal Analyses", *Cerebral Cortex*, Vol. 25/5, pp. 1188-1197, http://dx.doi.org/10.1093/cercor/bht315.　[39]

Thapan, K., J. Arendt and D. Skene (2001), "An action spectrum for melatonin suppression: evidence for a novel nonrod, non-cone photoreceptor system in humans", *The Journal of Physiology*, Vol. 535/1, pp. 261-267, http://dx.doi.org/10.1111/j.1469-7793.2001.t01-1-00261.x.　[80]

The IMAGEN Consortium (2011), Kuhn et al., "The neural basis of video gaming", *Translational Psychiatry*, Vol. 1/11, pp. e53-e53, http://dx.doi.org/10.1038/tp.2011.53.　[57]

Third, A. and et al (2014), *Children's Rights in the Digital Age: A Download from Children Around the World*, Young and Well Cooperative Research Centre, Melbourne, http://www.unicef.org/publications/files/Childrens_Rights_in_the_Digital_Age_A_Download_from_Children_Around_the_World_FINAL.pdf.　[134]

Touitou, Y., D. Touitou and A. Reinberg (2016), "Disruption of adolescents' circadian clock: The vicious circle of media use, exposure to light at night, sleep loss and risk behaviors", *Journal of Physiology-Paris*, Vol. 110/4, pp. 467-479, http://dx.doi.org/10.1016/j.jphysparis.2017.05.001.　[78]

Turel, O. et al. (2014), "Examination of Neural Systems Sub-Serving Facebook "Addiction"", *Psychological Reports*, Vol. 115/3, pp. 675-695, http://dx.doi.org/10.2466/18.pr0.115c31z8.　[60]

UK Safer Internet Centre (2018), *Online Safety Policy*, https://www.saferinternet.org.uk/advice-centre/teachers-and-schoolstaff/online-safety-policy (accessed on 23 May 2018).　[110]

UK Safer Internet Centre (2015), *Ofsted reveals new 'Online Safety in Schools' survey ¦ Safer Internet Centre*, https://www.saferinternet.org.uk/blog/ofsted-reveals-new-%E2%80%98online-safety-schools%E2%80%99-survey (accessed on 23 May 2018).　[115]

UNESCO (2018), "Managing tomorrow's digital skills: what conclusions can we draw from international comparative indicators?", *UNESCO Working Papers on Education Policy*, UNESCO Publishing, Paris, http://unesdoc.unesco.org/images/0026/002618/261853e.pdf.　[129]

UNICEF (2017), *The State of the World's Children: Children in a digital world*, https://www.unicef.　[72]

第4章

org/publications/files/SOWC_2017_ENG_WEB.pdf（accessed on 22 February 2018）.

Valkenburg, P. and J. Peter（2007）, "Online Communication and Adolescent Well-Being: Testing the Stimulation Versus the Displacement Hypothesis", *Journal of Computer-Mediated Communication*, Vol. 12/4, pp. 1169-1182, http://dx.doi.org/10.1111/j.1083-6101.2007.00368.x.　[74]

van der Lely, S. et al.（2015）, "Blue Blocker Glasses as a Countermeasure for Alerting Effects of Evening Light-Emitting Diode Screen Exposure in Male Teenagers", *Journal of Adolescent Health*, Vol. 56/1, pp. 113-119, http://dx.doi.org/10.1016/j.jadohealth.2014.08.002.　[84]

Viner, R., M. Davie and A. Firth（2019）, *The Health Impacts of Screen Time: A Guide for Clinicians and Parents*, RCPCH, London, https://www.rcpch.ac.uk/sites/default/files/2018-12/rcpch_ screen_time_guide_-_final.pdf.　[18]

Wallenius, M. et al.（2010）, "Salivary Cortisol in Relation to the Use of Information and Communication Technology（ICT）in School-Aged Children", *Psychology*, Vol. 01/02, pp. 88-95, http://dx.doi. org/10.4236/psych.2010.12012.　[90]

Weinstein, A. and M. Lejoyeux（2015）, "New developments on the neurobiological and pharmaco-genetic mechanisms underlying internet and videogame addiction", *The American Journal on Addictions*, Vol. 24/2, pp. 117-125, http://dx.doi.org/10.1111/ajad.12110.　[61]

Woods, H. and H. Scott（2016）, "#Sleepyteens: Social media use in adolescence is associated with poor sleep quality, anxiety, depression and low self-esteem", *Journal of Adolescence*, Vol. 51, pp. 41-49, http://dx.doi.org/10.1016/j.adolescence.2016.05.008.　[69]

Wright, J. et al.（2001）, "The Relations of Early Television Viewing to School Readiness and Vocabulary of Children from Low-Income Families: The Early Window Project", *Child Development*, Vol. 72/5, pp. 1347-1366, http://dx.doi.org/10.1111/1467-8624.t01-1-00352.　[52]

Zimmerman, F. and D. Christakis（2005）, "Children's television viewing and cognitive outcomes", *Archives of Pediatrics & Adolescent Medicine*, Vol. 159/7, p. 619, http://dx.doi.org/10.1001/ archpedi.159.7.619.　[33]

訳者あとがき

本書は、2019年3月に北欧フィンランドで開催された「国際教職サミット」(International Summit on the Teaching Profession, ISTEP) が、初めて乳幼児期の教育とケア (early childhood education and care, ECEC) に焦点を当てたのを機として、同サミットへのエビデンス情報提供元である OECD (経済協力開発機構) を代表して、アンドレアス・シュライヒャーOECD教育・スキル局長自らが、乳幼児期に関わる重要な調査研究結果を要約し、関係者に向けて供覧した冊子 *Helping our Youngest to Learn and Grow: Policies for Early Learning* (Schleicher, 2019) の日本語版翻訳書である。

著者のシュライヒャー博士は、21世紀のグローバル社会到来に対応する資質能力としての「キー・コンピテンシー」をOECDが同定した際に、そうした能力が生涯を通じていかに育成、保有され、また更新されていくかの動向を把握するための一連の手法を共同で開発し、大規模国際調査 (PISA：生徒の学習到達度調査、TALIS：国際教員指導環境調査、PIAAC：国際成人力調査など) を推進し、政策立案のためのエビデンスの形成と蓄積をはかってきた人物として著名である。もちろん、OECD によって提示されるエビデンスは決して万能でも万全でもないが、公共政策としての教育のアカウンタビリティや投資効果に注目するときの、また政策の更新時における最も信頼のおける根拠として各国で参照され続けていることは周知のとおりである。その功労者であるシュライヒャー氏自身の目を通して整理された21世紀の中盤に向かうECECの主要トピックが、「人生最初期の学びと育ちをいかに支援するか」であるという。訳者たちは、ECECの世界内部から立ち上げられたのとは異なるそれが、いかなる内容を含むものなのかの関心をもって、まずは訳業に当たらせていただいた。

21世紀の到来とともに、OECDでPISAなどの大規模調査と併行して、立ち上げられたのが、Starting Strong (「人生の始まりこそ力強く」) プロジェクトである。そこでは、参加諸国と地域の乳幼児期のあらゆるステイクホルダーの力を結集して、女性の労働参加や貧困と格差解消のための保育政策のあり方、生涯発達を保障する保育実践・保育労働力の質の向上を検討し、ECECという概念を打ち出してきた。フィールドワークと関連調査研究情報の共有を通した政策分析がめざされ、そのための検討会合としてのECECネットワークも組織されてきた。同プロジェクトからは、なぜ各国政府は乳幼児期に投資すべきなのか、ECECのよき実践のために国際的に共有すべき主要な経験は何か、とくに認知面と社会情動的なスキル発達のバランスはいかにあるべきか、保育の質の主要な構成要素は何か、質保証の政策を動かすときのツール (てこ入れのためのレバー) は何か、といった本質的か

訳者あとがき

つ実務上も重要な問題が取り上げられてきた。シュライヒャー氏は、こうしたECECネットワークでの議論と共有された知見や図表から、エッセンスをよりすぐって要約しなおし、氏ならではの冷静な検討を加え、各章の結論を導いている。これが、本書の第一の特色といえるだろう。

　なお本書は、OECDが初めて乳幼児期について行ったふたつの大規模国際調査「IELS：人生初期の学びと子どものウェルビーイングに関する国際研究」（本書コラム1.3参照）と「TALIS Starting Strong：国際幼児教育・保育従事者調査」（本書コラム3.1参照）が、それぞれに終了し分析が進行中、というタイミングで用意されていることが、第二の特色といえよう。義務教育の成果を問うPISAや教員の指導環境を対象としたTALISが、学校制度を通してデータを比較的とりやすいのに対して、乳幼児期の分野は、政府の主管部門が一つでなかったり、施設の規模や運営主体、保育者の資格制度的も細分化していたりで、国際比較調査には一筋縄でない困難が伴う。また、そもそも幼い子どもを対象に学習成果の測定比較をしてよいものか、しかもそれらを大規模に実施すべきかどうかについての国際的な論議や抵抗が当初よりあった。このため特に前者の調査参加は決して多くなく、両調査ともむしろ試行段階に近いといってもよい。しかし、人口動態が移民・難民の受け入れによって変化し、あわせて子どもの貧困問題など社会包摂のためのECECの整備が緊要な国々があり、ECEC無償化への政治選択によって保育者を通した保育の質が一層問われている国々もある。こうした事情から、上記2つの調査結果については、さまざまな立場からの注目が集まるだろうことも予測される。なお、政策のためのエビデンスメイキングの専門集団であるOECDの乳幼児期をめぐる質的量的な調査促進戦略についても、本書全体を通して注意深く読み進めることをお勧めしたい。

　本書第三の特色は、ECECの緊要なテーマとして第4章で「子ども・テクノロジー・教えること」を取り上げている点であろう。この章のみは、ECECにとっての予告編となっており、データ的な制約から話題は就学前に限定されずティーンエイジャーにまで及ぶ。ここでのテクノロジーとは主として情報通信技術（ICT）のことであり、関係者にとって気になる、デジタルネイティブ世代の子どもたちの健康と安全をめぐる先行調査の批判的吟味にまずは注力されている。また、シュライヒャー氏らしくエビデンスの不足と空白部分を指摘しつつ、テクノロジーと子ども・教育をめぐる大規模で長期的な研究の必要性をも示唆している。最も幼い世代と関わるECECの世界と最新ハイテクノロジーの適正共存の問題、このような時代だからこそ人類史的観点からのローテクノロジーの見直しなど、シュライヒャー氏が本書で述べ切れていない部分の検討は、今後さまざまに引き継がれることであろう。いうまでもないが、本書のはじめに紹介されている2030年を見据えた国連「持続可能な開発目標4.2」（乳幼児期の発達支援とユニバーサルな初等前（就学前）教育）は、本書全体の基調である。『世界子供白書2017：デジタル世界の子どもたち』（UNICEF）も強調したように、デジタルテクノロジーは持続可能性を支える重要な手段ともなりうるが、また格差を一層広げる側面をあわせも

つ。人生初期の学びを、保育の世界が家庭や地域社会そして他の部門や業界とも共同で支える必要性を、本書からも読者の皆様に討論していただければ幸いである。

　最後に本書翻訳の機会をくださった明石書店・安田伸氏に感謝申し上げる。

　2020年2月

訳者を代表して

一見 真理子

付記1：本書では、日本語での読者の便を図るため、必要に応じて言葉を補ったり訳注を付したりしたほか、原書における明らかな誤植の修正・図表の配置順等の補正編集も行った。その一方で、翻訳上の不備や誤りも恐らくは免れていないかと思う。読者の皆様からのご叱正を請う次第である。

付記2：本書で用いる関連の用語についての留意事項は、以下のとおりである。

　○原著では "early childhood education and care" とシュライヒャー氏がすべて記載しているのを、日本語版では各章の初出箇所を除き、*OECD Starting Strong* シリーズ以来の略語 "ECEC" で置換している。

　○シュライヒャー氏が学校教育制度を含む生涯学習体系の側からECECの世界に対して強く打ち出しているのが、"early learning" という概念であり、本書ではそれを、「人生初期の学び」「乳幼児期の学び／学習」と訳出した。またこれに対して「早期学習／早期の学習」という用語を当てなかった。

　○より以前から存在する "pre-school education"（就学前教育）という用語に対して、EFA（万人のための教育）の枠組みの中でも提唱された "pre-primary education" は、初等義務教育の順調な普及発展のための就学前からの取り組み、幼児教育・保育の初等教育との望ましい接続を明らかに意識したものであり、本書ではそうした経緯も踏まえてなるべく原語に忠実に「初等前教育」と訳していること、このため字面では「初等教育」との区別がつきにくくなっていることをご海容いただきたい。

　○ちなみに、"pre-school education"（就学前教育）は学校教育の開始前の教育をとらえる幅広い概念であるが、一方制度としての幼児教育の開始期からを主に指してきた歴史もあり、年齢範囲と中身の定義を行わないと、どの部分を指すのかが曖昧でもあった。ユネスコによる1997年版の国際標準教育分類（ISCED）では、就学前教育（ISCEDレベル0）を3歳以上の段階に限定していたのに対し、2011年の改訂（再定義）では、3歳未満の "educational development"（教育に配慮した発達、もしくは発達支援的教育）を含めてこれをISCEDレベル01と細目化し、3歳以降初等教育開始までをISCEDレベル02（pre-primary education）としている。しかも、以上についての日本での訳語は、目下、ユネスコ及びOECDの統計資料や各報告書のそれぞれにおいて異なり、横断的な統一がとれていないことについて、読者のご理解をいただければ幸いである。

　○第4章においてシュライヒャー氏自身はICTという用語よりも "technology" という用語を頻用されている。しかし文脈から、明らかに判断できる場合にはICTで置き換えさせていただいた。

◎著者・訳者紹介

アンドレアス・シュライヒャー　Andreas Schleicher ——著者

経済協力開発機構（OECD）教育・スキル局長兼事務総長特別顧問。生徒の学習到達度調査（PISA）、国際成人力調査（PIAAC）、国際教員指導環境調査（TALIS）、国際教育指標（INES）など、スキルの開発と利用及びその社会経済的効果に関するOECDの調査研究の戦略的な統括を担当している。ドイツで物理学を学び、オーストラリアで数学及び統計学の学位を受けている。「民主主義への模範的な取り組み」に対しドイツ連邦共和国初代大統領の名において授与される「テオドール・ホイス賞」をはじめ、数多くの受賞歴がある。ハイデルベルク大学の名誉教授の称号を持つ。主要著書：*World Class: How to build a 21st-century school system*, OECD Publishing, Paris, 2018（『教育のワールドクラス：21世紀の学校システムをつくる』アンドレアス・シュライヒャー著、経済協力開発機構（OECD）編、鈴木寛／秋田喜代美監訳、ベネッセコーポレーション企画・制作、小村俊平［ほか］訳、明石書店、2019年）。

一見　真理子（いちみ・まりこ）ICHIMI Mariko ——訳者

東京大学大学院教育学研究科博士課程単位取得退学。国立教育政策研究所国際研究・協力部、同幼児教育研究センター（併）総括研究官。専門は、比較教育学、教育史、アジア地域の教育・就学前教育。

星　三和子（ほし・みわこ）HOSHI Miwako ——訳者

東京大学大学院教育学研究科博士課程単位取得退学。十文字学園女子大学名誉教授、名古屋芸術大学名誉教授。専門は、発達心理学、保育の国際比較。

デジタル時代に向けた幼児教育・保育

人生初期の学びと育ちを支援する

2020 年 2 月 22 日　初版第 1 刷発行

著　者：アンドレアス・シュライヒャー
編　者：経済協力開発機構（OECD）
訳　者：一見真理子／星三和子
発行者：大江道雅
発行所：株式会社 明石書店
　　　　〒101-0021
　　　　東京都千代田区外神田 6-9-5
　　　　TEL　03（5818）1171
　　　　FAX　03（5818）1174
　　　　http://www.akashi.co.jp/
　　　　振替 00100-7-24505

組版・印刷・製本　モリモト印刷株式会社

（定価はカバーに表示してあります）　　　　ISBN978-4-7503-4963-3

OECD保育白書

人生の始まりこそ力強く：
乳幼児期の教育とケア（ECEC）の国際比較

OECD 編著

星三和子／首藤美香子／大和洋子／一見真理子 訳

A4変型／並製／520頁
◎7600円

乳幼児期の教育とケアの質を高めてすべての人に適切に行き渡るようにするにはどうしたらよいのか？　OECD諸国の乳幼児期政策と取り組みを詳細に紹介するとともに、家族や子どもに影響を与える社会的・経済的・概念的要因を分析し、重要な政策領域を提示する。

幼児教育・保育の国際比較　質の高い幼児教育・保育に向けて

OECD国際幼児教育・保育従事者調査2018報告書
国立教育政策研究所編

◎3600円

生きるための知識と技能7

OECD生徒の学習到達度調査（PISA）　2018年調査国際結果報告書
国立教育政策研究所編

◎3600円

PISA2015年調査　評価の枠組み

OECD生徒の学習到達度調査
経済協力開発機構（OECD）編著　国立教育政策研究所監訳

◎3700円

21世紀のICT学習環境　生徒・コンピュータ・学習を結び付ける

経済協力開発機構（OECD）編著　国立教育政策研究所監訳

◎3700円

外国人児童生徒受入れの手引［改訂版］

文部科学省総合教育政策局男女共同参画共生社会学習・安全課編著

◎800円

諸外国の教育動向　2018年度版

文部科学省編著

◎3600円

諸外国の初等中等教育

文部科学省編著

◎3600円

諸外国の生涯学習

文部科学省編著

◎3600円

〈価格は本体価格です〉

教育のワールドクラス

21世紀の学校システムをつくる

アンドレアス・シュライヒャー 著
経済協力開発機構（OECD）編
ベネッセコーポレーション 企画・制作
鈴木寛、秋田喜代美 監訳　小村俊平、平石年弘、桑原敏典、
下郡啓夫、花井渉、藤原誠之、生咲美奈子、宮美和子 訳

■A5判／並製／352頁　◎3000円

テクノロジーの進歩やグローバル化の進展により、教育や学習をめぐる環境も大きく変化しようとしている。OECD生徒の学習到達度調査（PISA）の創始者であり今なお世界の教育改革に向けて奮闘する著者が、長年にわたる国際調査から得られたエビデンスに基づいて、21世紀に向けた新たな学校システムを探究する。

キー・コンピテンシー　国際標準の学力をめざして
ドミニク・S・ライチェン、ローラ・H・サルガニク 編著　立田慶裕監訳　◎3800円

社会情動的スキル　学びに向かう力
経済協力開発機構（OECD）編著
ベネッセ教育総合研究所企画・制作　無藤隆、秋田喜代美監訳　◎3600円

学びのイノベーション　21世紀型学習の創発モデル
OECD教育研究革新センター編著　多々納誠子訳　小熊利江訳
有本昌弘監訳　◎4500円

多様性を拓く教師教育　多文化時代の各国の取り組み
OECD教育研究革新センター編著　斎藤里美監訳　三浦綾希子、藤浪海訳
布川あゆみ、本田伊克、木下江美、◎4500円

学習の本質　研究の活用から実践へ
OECD教育研究革新センター編著
立田慶裕、平沢安政監訳　◎4600円

脳からみた学習　新しい学習科学の誕生
OECD教育研究革新センター編著
小山麻紀、徳永優子訳
小泉英明監修　◎4800円

アートの教育学　革新型社会を拓く学びの技
OECD教育研究革新センター編著
篠原康正、篠原真子、袋岩晶訳　◎3700円

メタ認知の教育学　生きる力を育む創造的数学力
OECD教育研究革新センター編著
篠原真子、篠原康正、袋岩晶訳　◎3600円

〈価格は本体価格です〉

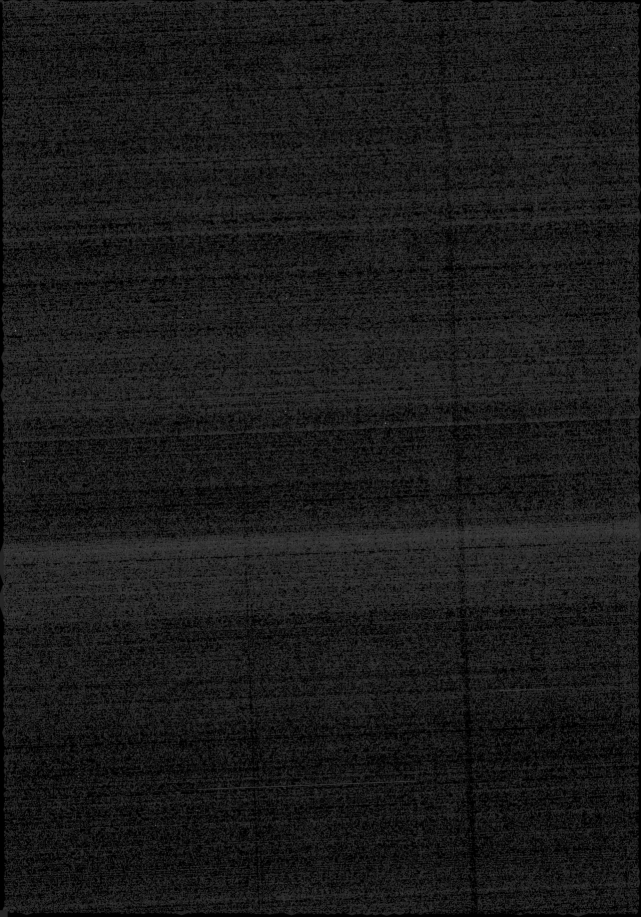